Robert Müller

(M)EIN VALENTINSTAG

**Ein Lumperei-Spiel
in einem Bild und
16 Szenen**

**Ein gesellschaftskritisches Spiel um zwei der liebsten
Spiele der Menschen:
das Liebes- und das Ränkespiel.**

Personen und Handlung sind frei erfunden. Allfällige Bezüge zu aktuellen oder früheren gesellschaftlichen Entwicklungen sind gewollt, nicht aber eine Bezugnahme auf bestimmte Personen oder Institutionen.

© **2023 Robert Müller alias R.v.M.**

Neuauflage 2024

ISBN Softcover 978-3-384-05712-9

Druck und Distribution im Auftrag des Autors:

tredition GmbH, Halenreie 40-44, 22359 Hamburg

Ich danke meiner Frau
für die gewohnt gewissenhafte Korrektur
und die Unterstützung und Zeit,
dieses Werk verfassen zu können.

Text, Layout und Grafik: R.v.M.
Bilder: R.v.M. und pixabay.com
© Eigenverlag buecher-rvm, Wien 2019, Nachdruck 2023
Kontakt und Bestellwunsch siehe letzte Seiten sowie
www.buecher-rvm.at

Vorwort

Sie wollen wissen, was dieses Spiel ist, wo es sich einordnen lässt – als Tragödie, als Komödie, als Satire, als Parodie, als Farce, als Schwank, als Posse, als Burleske, als Groteske, als Lustspiel, als Satyrspiel?

Selbst ich als Autor kann Ihnen nicht mehr sagen als: Es ist nichts und alles davon. Die Thematik, nämlich die fahrlässige bis bewusste Zerstörung von Beziehungen, ist gleichzeitig Tragödie und Komödie und kritisiert als Satire&Parodie maskiert ohne Klamauk oder besonderen humoristischen Anspruch die oft übersexualisierte Groteske menschlichen Verhaltens. Von Schwank&Burleske stammt die gelegentlich vulgäre, zotenhafte Sprache sowie die übermütige Freude an moralischen Regelverstößen, von der Posse die Einbindung von Gesang und Couplets, von der Farce die Handlungsregie, die in Überzeichnung von Alltäglichkeiten deren Banalität betont. Ähnlich wie beim Satyrspiel wird ein Geleit gegeben, hier in Form eines an Büttenreden erinnernden Prologs und Epilogs, rezitiert von den modernen Dämonen unserer Zeit, also den scheinbar ganz normalen Menschen beiderlei Geschlechts, die den Sinnesgenüssen des Dionysos exzessiv frönen (wollen).

Ihnen als Zuschauerin oder Zuschauer kann es ziemlich egal sein, wie die Theaterkritik dieses Spiel sieht. Für Sie steht im Mittelpunkt, ein Spiel zu erleben, das Sie hoffentlich kurzweilig unterhält – und dennoch auch zum Nachdenken anregt. In diesem Sinne wünsche ich Ihnen zwei unterhaltsame Stunden daheim oder in Theaterluft – sofern sich ein Theater findet, das dieses Werk einer Uraufführung zuführt ...!

R.v.M.

Hinweise zur Aufführung:

Bühnenbild und Requisiten:

Nackte Bühne ohne besonderen Hintergrund, eventuell sogar ohne Vorhang, das durch selektive (Spot)-Beleuchtung in spartanisch ausgestattete Handlungsinseln auf der linken Seite, der rechten Seite und in der Mitte geteilt wird. Prolog und Epilog vor dem Vorhang oder vor dunkler Bühne unter Verwendung EINER Satyrmaske.

Linke Seite: Bett mit Bettzeug, daneben Sessel mit Nachttischlampe an Mehrfachsteckdose, Handy, Brille, das Buch ‚(Pf)Affenliebe' mit Lesezeichen. Später ein analoges Telefon, ein kleiner grüner sowie ein grüngestreifter Kaktus, zwei Bögen Einpackpapier mit irgendeiner (später als Blumenhandlung Orchidee vorgelesenen) Beschriftung, eine Grußkarte. Für Lara altmodisches, unsexy Nachthemd, Morgenmantel und Patschen, Armbanduhr, analoges Fieberthermometer und Tee-Häferl.

Mitte: Nur fallweise Decken-Spot auf eine Person (Karl mit Handy, Hut und Mantel) sowie Valentia (mit Handy, Mantel und Handtasche) oder zwei Personen (Karl und Valentia) in einer Auto-Cabriolet-Attrappe, bestehend aus (Auto-)Sitzbank samt (in der Hand gehaltenem) Lenkrad.

Rechte Seite: Tisch mit zwei Sessel, je nach Szene
- erstens als Schreibtisch mit Lampe und Handy für Kurt,
- zweitens als Blumenverkaufspult mit (Kunst-)Blumen(stöcken) und Handy für Verkäufer,
- drittens als Küchentisch samt Tischtuch und Handy für Betty (in sexy Schürze, eventuell Perücke).

Szenen(nummerierung) orientiert sich an Änderungen im Bühnenbild, also welche Teile beleuchtet werden.

Personen und Charaktere:

Besetzung: Acht Personen, durch fünf (zwei Frauen und drei Männer) darstellbar. Hauptpersonen in mittlerem, sexuell noch aktivem, interessiertem Alter, die bei Mehrfachrollen entweder bewusst nur undeutlich sichtbar sind oder durch rasch wechselbare Accessoires wie Perücke, Hut, Mantel etc. sowie Handys mit unterschiedlichen Klingeltönen wie auch jeweils anderem Akzent für das Publikum unterscheidbar werden.

LARA: Frau in altmodischem Nachthemd

BETTY (= Lara): Hausfrau in Küchenkittel bzw. kesser Schürze (bei Doppelrolle mit Perücke)

VALENTIA: narzistische, sexbesessene, herausgeputzte Frau

EGON: hemdsärmeliger, kräftiger Handwerker im Pullover, Ehemann von Lara

KURT (= Egon): von Valentia verlassener Ehemann, Chef von Lara (bei Doppelrolle in Sakko mit Brille und Perücke)

KARL (= Satyr des Prologs): schmächtiger, ängstlicher Versicherungsvertreter in Sakko, Ehemann von Betty

KOMMISSAR: steifer, hartnäckiger Beamter ohne Uniform

VERKÄUFER (= Kommissar): mit Sprachfehler, nur von hinten zu sehen

Musikbegleitung am Klavier für Lara und Egon, (etwa durch Kommissar oder von Kassette).

Szene 1 – Prolog

[Karl tritt mit Satyr-Maske vor dem Gesicht auf.]

Dass ihr gekommen, liebe Leut,
ist etwas, was mich wirklich freut.
Darum begrüße ich euch heut,
und gebe euch dieses Geleit
als Fabelwesen, als Satyr,
zur Hälfte Mensch, zur Hälfte Tier
wie früher zu der Griechen Zeiten
soll ich das Thema vorbereiten.
Nun gut, ich tu's, indem ich sag,
es geht um den Valentinstag.

Was dieser Tag am End bezweckt,
das zeigt am Abend dann perfekt
der Tagesumsatz, – fast ein Drittel
der jährlich eingeheimsten Mittel
für Blumen bringt der Valentin –
nicht er, das macht ja keinen Sinn.
Nein, DER von Werbung Angefachte,
der seiner Liebsten Blumen brachte,
hoffend, Leidenschaft zu erregen
und so sie schließlich zu bewegen
mit ihm gemeinsam zu entdecken,
was Wohlerzog'ne gern verstecken:
Wie Frau'n possieren, Männer locken
und einmal, um nichts zu verbocken,
den Softie geben, dann den Recken,
doch stets das Eine nur bezwecken.
Die Frauen stehen hier nicht nach
geben sich fromm und ohne Schmach
egal, was früher schon mal war.

Solang sie noch kein Kind gebar
kann sie die Unschuld spiel'n vom Land.
Selbst Männer mit klarem Verstand
werden zu Wachs in ihrer Hand,
geraten außer Rand und Band,
ja werfen sich zu ihren Füßen,
um diese inbrünstig zu küssen
und sich dann langsam stets nach oben
zum Ziel der Lüste hochzurobben.
Des Weibes Schönheit wird gelobt
dieses Rezept ist wohlerprobt –
doch kein Garant für den Gewinn
der Frau als Liebesdienerin.
Vielleicht muss schmerzlich er erleben,
dies Anbraten ging ganz daneben.
Das ist nun schon seit tausend Jahren,
das ewig Gleiche – man könnt sparen
darüber wieder zu berichten,
in Possen, Schwänken und Gedichten.
Zudem waren schon wirklich viele
berühmte Dichter hier im Spiele,
ob Heine, Hölderlin, ob Goethe,
ob frühe Dichter oder späte,
ob hohe oder nied're Minne:
sie hatten stets die Lieb im Sinne.
Sie schrieben ernst wie auch im Scherz,
sie schrieben für Gemüt und Herz,
nahmen kein Blatt sich vor den Mund
trieben die Götter es zu bunt.
Gemeint sind Eros und Amor,
die uns, den Menschen, zeigten vor,
dass es viel Schön'res in der Welt
gibt als Berühmtheit, Macht und Geld.

So schrieb der Hölderlin, der Fritz,
erotisch kess, mit Worten spitz,
in seiner Hymne an die Lieb,
was Mann und Frau schon immer trieb:
Heute soll kein Auge trübe, Sorge nicht hienieden sein!
Jedes Wesen soll der Liebe, frei und froh, wie wir, sich freun!
Unter Schwur und Kuß vergessen wir die träge Flut der Zeit,
Und die Seele naht vermessen deiner Lust, Unendlichkeit!
Der Ringelnatz, der Joachim,
beschrieb die Brautnacht sehr intim:
Wie bebt vor deiner Küsse Menge
ihr Busen und ihr voll Gesicht!
Zum Zittern wird nun ihre Strenge;
denn deine Kühnheit wird zur Pflicht.
Schnell hilft dir Amor sie entkleiden,
und ist nicht halb so schnell als du;
Dann hält er schalkhaft und bescheiden
sich fest die beiden Augen zu.
Wir Männer halten uns mitnichten
die Augen zu, wir wollen sichten,
der Frauen Busen, Po und Beine,
sind sie nun üppig oder kleine.
Als Konsequenz dieser Beschauung,
pfeifen wir dann, zu der Erbauung
der Dame frech laut hinterdrein:
Komm dreh dich um, komm, werde mein.
Das Gegenteil von dem Gegröhl,
ist ‚Schweigen‘, sagt der Reinhard Döhl;
so nennt er sein kurzes Gedicht,
wo man sich liebt, aber nicht spricht.
Viel Text gäbe es zu entdröseln,
der oft platt hingesagt von Schnöseln,

von Dichterfürsten, Liedverfassern,
von Sprachverhunzern, Frauenhassern,
von Womanizern, Liebesknechten,
von Tempeldienern, dunklen Mächten
zum Liebes- und zum Porno-Fron,
ganz ohne Scham zu kleinstem Lohn.
Solcher Text wird hier nicht zitiert,
weil er ganz leicht dazu verführt
an Lust statt Liebe nur zu denken,
uns an die Falschen zu verschenken,
vergessend auf Anstand und Ehr,
sich ohne Zwang und Gegenwehr
hinzugeben dem Liebesspiel –
vielfach ohne jedes Gefühl.
Aus Angst an Spaß viel zu verpassen,
wollen wir gern uns treffen lassen
von Eros' und von Amors Pfeilen
voll Lebensgier und auch voll geilen
Gedanken und perversen Lüsten
nach Szenen, derer wir uns brüsten
vor Dritten, ohne uns zu schämen,
nur um das Ego zu verbrämen.
So wird die Liebe bloß zum Wort
ist Sex kaum mehr als bloßer Sport,
dient nicht als Kitt in unser'm Streben
nach friedlichem Zusammenleben;
bringt vielmehr Eifersucht und Streit,
viel Zoff, manch Träne und viel Leid.
Dazu nun mehr in diesem Stück
zu Liebe, Trieben, Lebensglück.
Ihr Spieler, nun habt ihr das Wort!
Beginne Spiel – und schreite fort!

Szene 2

[Dunkle Bühne. Nur links ein Spot auf ein zerwühltes Bett mit einem Sessel davor, auf dem ein Buch und eine Brille liegen. Aus dem dunklen rechten Teil hört man eine Frauenstimme]

LARA: „Mach's gut, Egon. Einen schönen Tag!"

[Dann hört man eine Tür ins Schloss fallen. Wenig später schlurft die junge Frau Lara, bekleidet mit Armbanduhr und einem eher unmodernen, wenig sexy aussehenden, schon verdrückten Nachthemd mit übergeworfenem Morgenmantel in altmodischen Hauspatschen von dort heran, eine Tasse eines (dampfenden) Getränks in der Hand. Sie setzt sich auf die Bettkante und nimmt vorsichtig einen Schluck.]

LARA: „Grauslich. Warum müssen Medikamente grauslich schmecken? Ach ja: Sonst würde man sie ja gern und länger nehmen als unbedingt notwendig. Schlechter Geschmack als natürlicher Schutz gegen Medikamentenmissbrauch."

[Sie stellt die Tasse auf dem Sessel ab.]

LARA: „Diese Erklärung ist aber wohl nicht zutreffend, sonst dürfte es keinen Medikamentenmissbrauch geben, den es aber unbestritten gibt."

[Lara holt aus dem Sack des Morgenmantels ein Fieberthermometer, beäugt es umständlich, um sich dann letztlich die Brille vom Sessel zu nehmen und aufzusetzen. Ein neuerlicher Blick veranlasst sie, das Thermometer zu schütteln und nach einem weiteren Kontrollblick unter die Achsel zu klemmen.]

LARA: „Ja, ja, bei den modernen Thermometern braucht man das nicht mehr. Dafür braucht man eine Batterie – und die ist meist kaputt, wenn man das Ding doch einmal braucht. Daher darfst du, mein Thermometer weiterhin hier Dienst tun, obwohl unsere klugen Leute in Brüssel dich längst verboten haben. Ja, ja, das böse Quecksilber. Für die großen Probleme haben sie gar keine Lösung, für die kleinen wenigstens unvernünftige oder überschießende. Wenn ich schaue, wie die Autos, die wir in der Firma angeliefert bekommen, Jahr für Jahr immer größer und dicker werden, wo man schon lang kein Fenster mehr manuell öffnen kann, bekomme ich Angst. Wenn die Batterie ausfällt, von der die vielen kleinen Elektromotoren angetrieben werden − wie kann ich mich dann aus dem auf Hochglanz lackierten Blechsarg befreien, wenn die Tür klemmt? Daher vertraue ich auch nicht den batteriebetriebenen neuen digitalen Thermometern, sondern viel lieber dir, mein kleiner analoger Liebling. Wie hätte ich in meinen Kindertagen meiner Mutter weismachen können, dass ich Fieber habe? Wie, wenn ich nicht einige Minuten Zeit gehabt hätte, dir durch Reiben zusätzliche Wärme zuzuführen? Heute, wenn die Mutter mit einem Klick in wenigen Sekunden die Temperatur im Ohr messen kann, ist es aus und vorbei mit Lamentieren und Schularbeit-Schwänzen. − Allerdings heißt es nun warten. Aber diese Zeit kann ich mir ja vertreiben."

[Lara nimmt das Buch zur Hand, öffnet es beim weit hinten steckenden Lesezeichen, genauer auf Seite 159, legt das Lesezeichen am Sessel ab und beginnt halblaut, langsam und deutlich verständlich zu lesen:]

LARA:

Aber da hatte sie sich getäuscht. Als Heinz seine lange Hose auszog, fiel er fast hin. Sein Gleichgewichtssinn war offenbar doch schon in Mitleidenschaft gezogen. Heinz brummte nur etwas, das wie ‚ich habe mich nur im Hosenbein verheddert' klang, und forderte Agnes auf, wieder einzuschenken.

Agnes tat wie geheißen, aber langsam und nur ganz wenig. Denn nur mehr ein einziges Kleidungsstück, nämlich Heinz Unterhose, trennte sie von dem, was sie vermeiden hatte wollen. Socken trug Heinz nämlich keine. „Gib mir noch einen Schluck gegen die Schmerzen, liebste Agnes", sprach Heinz mit bereits unüberhörbar schwerer Zunge. Agnes ließ sich das nicht zweimal sagen und reichte Heinz ein volles, randvolles Glas Schnaps.

[Lara blickt kontrollierend auf ihre Armbanduhr, um dann noch weiterzulesen:]

LARA:

Heinz trank es in einem Zug aus. „So, also, liebste Agnes, jetzt zeig deinem Heinzi, was du kannst!", lallte Heinz und ergriff Agnes rechte Hand, um sie daran in das Schlafzimmer zum Bett zu ziehen. Es half nichts. Es musste sein. Agnes fasste mit ihrer linken Hand die bereits zu einem guten Drittel leere Slibowitzflasche, um sich nötigenfalls auch gegen den Ekel bis zur Bewusstlosigkeit zu betrinken. Dann kam ihr aber eine weit bessere Idee.

[Lara blickt ein weiteres Mal auf die Uhr, steckt daraufhin das Lesezeichen an seinen Platz, schlägt das Buch zu und legt es mit dem Titel nach oben auf den Sessel. Dann zieht sie das Thermometer unter der Achsel heraus, beäugt es sorgfältig, wobei sie das Thermometer mehrfach dreht und die Brille mehrfach richtet, um schließlich unübersehbar mit einem tiefen Seufzen den Kopf sinken zu lassen.]

LARA: „Ja, mein Lieber. Du bestätigst mir das, was ich eh schon wusste. Ich bin krank. Mein Chef muss heute ohne mich auskommen. Ich muss ihn anrufen."

[Lara greift zum Handy und drückt darauf herum.]

LARA: „Verdammt! Es lässt sich nicht einschalten. Die Batterie ist offenbar wieder einmal tief-entladen. Zum Mond können wir fliegen und mit den Astronauten telefonieren. Aber hier auf der Erde Handys samt Netzen bauen, die immer und überall funktionieren, das können wir nicht. Vielleicht sollten wir Frauen die Technik doch nicht ganz den Männern überlassen. Im Bett tun wir es ja auch nicht – sonst wären wir längst ausgestorben."

Szene 3

[Lara steckt das Handy an der Mehrfachsteckdose zum Laden an, blickt einige Zeit darauf, schüttelt schließlich den Kopf und schlurft in den rechten, dunklen Bühnenteil und kehrt von dort mit einem alten Telefonapparat zurück, das Kabel hinter sich herschleifend. Dann stellt sie den Apparat auf den Sessel und betätigt die Tastatur. Man hört die Geräusche der Wählprozedur, dann das Freizeichen. Auf der rechten, mit jedem Klick etwas heller werdenden Bühnenseite erkennt man nun einen Schreibtisch mit noch dunkler Schreibtischlampe und undeutlich ein Handy, sowie einen Sessel. Mit dem mehrfachen Schrillen des Handys ertönen näher kommende feste Schritte eines Mannes. Es ist der Chef Kurt Klug, der die Lampe anknipst, das Handy eilig an das Ohr nimmt, ohne auf das Display zu schauen, und sich gleichzeitig schwer in den Sessel fallen lässt. Bei Mehrfachrolle von Egon mit vom Publikum abgewandtem Gesicht und verstellter Stimme.]

KURT: „Autohaus Klug&Klug. Guten Tag."

LARA: „Herr Klug, hier spricht Lara. Es tut mir unendlich leid, aber ich kann heute nicht zur Arbeit kommen. Ich bin krank."

KURT: „Wie oft, liebe Lara, soll ich noch sagen, dass du entweder Chef sagen sollst, oder Kurt. Entweder kommunizieren wir geschäftlich oder eher privat, von Mensch zu Mensch. Seit mich meine Frau verlassen hat, geht mir eine nette, private Ansprache zunehmend ab. Verstehst du das?"

LARA: „Ja, ich verstehe, – Chef. Ich melde Ihnen hiermit meine Dienstverhinderung, Herr Chef."

KURT: „Anders wäre es mir lieber gewesen, liebe Lara. Aber ich muss eben zur Kenntnis nehmen, dass du trotz aller gegenseitigen Sympathie hier sehr streng mit dir – und mir – umgehst."

LARA: „Das gehört sich doch wohl für eine verheiratete Frau, Chef, oder?"

KURT: „Ich weiß, dass du in machen Dingen sehr streng denkst, um nicht altmodisch zu sagen. Aber lassen wir das Thema. Wie geht es dir? Wirst du schon morgen wieder kommen können?"

LARA: „Kaum. Ich habe schon jetzt in der Früh 38,4 °C. Das Temperaturmaximum hat man ja meist erst am späten Nachmittag! Es wird also wohl ein paar Tage dauern."

KURT: „Ärgerlich. Dann muss ich wohl umdisponieren. Gerade heute wollte unser Versicherungsvertreter, der Herr Karl, kommen. Diesmal als Kunde, um sein Auto zum Kauf oder Eintausch anzubieten. Vielleicht kann ich das verschieben, bis du wieder da bist. Wie auch immer. Ich wünsche dir gute Besserung. Vielleicht nimmst du eine Tasse heiße Schokolade oder Neocitran. Das bringt einen angeblich wieder schnell auf die Beine. Du weißt ja. Ich brauche dich!"

LARA: „Ich weiß. Deswegen habe ich auch schon eine Tasse Tee getrunken. So wie er schmeckt, muss er wirklich sehr gesund sein, sonst würde ihn niemand kaufen. Ich melde mich wieder, wenn es mir besser geht."

KURT: „Ja, bitte."

[Der Chef legt auf, rauft sich mehrfach die Haare und überlegt sichtlich, was er tun soll. Schließlich wählt er eine neue Telefonnummer. Lara bleibt derweil in der ab nun nur mehr schummrig beleuchteten linken Seite auf der Bettkante sitzen und nimmt immer wieder einen Schluck aus der Tasse.]

Szene 4

[In der dunklen hinteren Mitte der Bühne erscheint Karl als nur undeutlich erkennbare schmächtige Person unter Spotbeleuchtung, der beim Läuten nach dem Handy sucht, auf das Display guckt und schließlich den Anruf annimmt.]

KARL: „Hallo Kurt."

KURT: „Hallo Karl."

KARL: „Hast du wieder ein Auto verkauft, für das ich dir die Versicherungspolizze, das Kennzeichen usw., du weißt schon, die üblichen Behördenwege, abnehmen soll – falsch: darf. Du bekommst natürlich wie immer deinen Anteil an meiner Provision als Versicherungsvertreter."

KURT: „Nein. Ich habe leider keinen Wagen verkauft. Ich rufe dich an, weil du uns doch heute deinen alten Wagen zwecks Ankauf oder Tausch gegen einen neuen vorführen wolltest? Oder?"

KARL: „Ach ja, das stimmt. Das Treffen habe ich glatt vergessen."

KURT: „Macht nichts. Denn daraus wird leider nichts, weil meine rechte Hand, Lara, erkrankt ist. Und meine Frau Valentia, die hat sich ja unlängst wegen irgendeines Schnösels [man sieht, wie Karl zusammenzuckt] von mir getrennt. Angeblich ist er viel lieber, einfühlsamer und vor allem potenter als ich. Wenn ich ihn erwische, prügle ich ihn windelweich. [Man sieht deut-

15

lich, wie Karl instinktiv die Hände schützend hebt und sich weg-
duckt.] Kurzum: Ich kann leider nicht weg aus meinem Geschäft. Es tut mir leid."

KARL: „Mir auch – ich hatte mich schon auf eine Probefahrt
mit dir oder Lara gefreut. Nun ja. Lass Lara lieb von mir grüßen.
Oder noch besser: Schicken wir ihr zum heutigen Valentinstag
einen Blumengruß mit einer kurzen, netten, aufmunternden
Grußbotschaft – vielleicht folgenden Inhalts:

‚Schade, dass es mit unserem Treffen heute nichts wurde. Alles
Gute und Liebe. K&K.‘

K steht dabei als Initial für Kurt und Karl. Sie weiß dann wohl,
dass der Blumengruß von uns kommt."

KURT: „Ja, Karl, eine gute Idee. Ich werde das veranlassen.
Vielleicht schicke ich ihr einen Kaktus, weil sie mir gegenüber
immer sehr stachelig ist – um nicht widerborstig zu sagen. Oder
vielleicht bringe ich ihn selber vorbei … Und falls ich Valentia
sehe oder höre, werde ich sie fragen, ob nicht vielleicht SIE die
Ankaufsprobefahrt mit dir machen will. Immerhin ist sie noch
immer Hälfte-Teilhaberin der Firma und kann auch etwas für die
Firma tun. Einverstanden?"

KARL: „Einverstanden."

[Karl legt ab. Der Spot in der Mitte erlischt, der rechts bleibt.]

Szene 5

[Währenddessen wählt Herr Klug eine neue Nummer. Unter
dem Spot in der Mitte der Bühne wird eine weibliche Gestalt –
bei allfälliger Mehrfachrolle nur undeutlich – sichtbar, die beim
Läuten beginnt umständlich in ihrer großen Handtasche zu kra-
men. Schließlich hört das Läuten auf.]

[Herr Klug legt ab und will gerade aufstehen, als die Frau, es ist Valentia, endlich das Handy findet, darauf blickt, lange unentschlossen wirkt, bis sie doch zurückruft und gleich wie ein Maschinengewehr zu schnattern beginnt.]

VALENTIA: „Du hast mich angerufen, Kurt? Wozu? Ich dachte, zwischen uns ist alles besprochen. Über das Geschäftliche müssen wir sowieso anhand unseres Geschäftsvertrages beim Notar reden. Du hast mir damals die Hälfte der Firma übertragen. Und die gebe ich natürlich nicht so einfach wieder her. Übrigens war die Eigentumsübertragung damals auch kein Geschenk an mich, sondern nur zwecks Steuerschonung so konstruiert worden. Also: Was willst du? Und wenn du glaubst, dass du mich überreden kannst, zu dir zurückzukommen, so hast du dich getäuscht. Nein, mein Lieber, wir sind miteinander fertig. Ein solches Weichei wie dich werde ich nicht länger an meiner Seite dulden. Darauf kannst du Gift nehmen. Oder willst du gar wissen, mit wem ich wann und wo nun mein Vergnügen habe. Schmecks! Und glaube ja nicht, dass du mir mit einem Privatdetektiv nachspionieren kannst. Das ...“

KURT: „Aber ich will das alles nicht, meine liebe Valentia. Ich will ...“

VALENTIA: „...dich nur unterbrechen, wolltest du sagen. Nein, mein Lieber. Komm mir nicht so. Ich habe lange genug immer nur geschwiegen und zu allem Ja und Amen gesagt. Das ist vorbei, ein für alle Mal. Und jetzt spionierst du mir schon mit dem Handy hinterher. Glaubst du, ich weiß nicht, dass du und dein sauberer Privatdetektiv damit meine Position orten könnt. Aber das nützt dir nichts. Ich gehe hin, wo ich will, und lasse mir von dir keine Vorschriften machen. Von dir nicht, und von sonst auch niemandem. Schreib dir das endlich hinter deine ungewaschenen Ohren.“

KURT: „Valentia, bitte, höre mir zu! BITTE!!"

VALENTIA: „Na schön, wenn du endlich einmal so artig BIT-
TE sagst, will ich nicht so sein. Also, was willst du? Aber mach
es bitte kurz, ich liebe keine langen Ansprachen, schon gar nicht
von dir, hast du verstanden?"

KURT: „Karl bittet dich, ob du heute mit ihm die Ankaufsprobefahrt machen kannst?"

VALENTIA: „Karl? Warum hast du das nicht gleich gesagt und
bist zur Sache gekommen, statt mich zwecks Ortung anzurufen
und wegen unserer Trennung anzupalavern? Dabei ist die Frage
doch ganz kurz und klar beantwortbar: Ja. Ich kann."

KURT: „Schön. Dann werde ich ihn anrufen und ihm das mitteilen."

VALENTIA: „Wozu DU? Bin ich ein kleines Kind, dem man
das nicht zutraut und dem man das daher aus der Hand nimmt.
Mein lieber Kurt, ich bin eine erwachsene, intelligente, selbstbe-
wusste Frau, um meine gepflegte, aparte äußere Erscheinung
einmal außen vorzulassen, und kann das daher selbst in die
Hand nehmen, was du mir schon wieder nicht zutrauen wolltest."

KURT: „Aber, ich wollte ..."

VALENTIA: „... Papperlapapp. Hier geht es nicht mehr um das,
was DU wolltest. Damit ist es vorbei. Ab jetzt geht es um das,
was ICH will. Ich verbiete dir daher, Karl in meinem Namen anzurufen. Ich werde das selber tun und mir einen Treffpunkt aus-
machen. Du sorge gefälligst dafür, dass Karl die Prüfprotokolle
mitbringt, damit wir das Auto bei der Probefahrt auf Herz und
Nieren prüfen können. Er wird dir diese danach ausgefüllt zurückbringen und du kannst dann den restlichen Papierkram erledigen. Mich anrufen brauchst du deswegen aber nicht – hast du

18

verstanden: MICH NICHT! Ich habe es nämlich bis oben satt, mit dir über irgendwelche technischen Belanglosigkeiten lange Dispute zu führen und endlos zu palavern. Das ist nicht meine Art. Ciao!"

[Valentia legt ab, dann auch Kurt ersichtlich ziemlich frustriert. Die Lichter in der Mitte und rechts verblassen. Die rechte Bühne wird im Dunkel zur Blumenhandlung umgebaut, d.h. der Schreibtisch zu einem Verkaufspult mit Sessel auf der Seite zum Publikum.]

Szene 6

[Auf der inzwischen wieder hellen linken Seite nimmt Lara indessen noch ersichtlich widerwillig einen letzten Schluck, stellt das leere Häferl unter den Sessel, legt die Brille ab, entledigt sich umständlich des Morgenmantels und will sich gerade niederlegen und zudecken, als es von der dunklen rechten Seite her an der Eingangstür klingelt. Lara beginnt ein Selbstgespräch:]

LARA: „Komisch. So früh kommt die Post sonst nicht. Vielleicht ein Paket?"

[Lara rappelt sich mühsam auf, zieht den Morgenmantel umständlich über und schlüpft in die Hauspatschen. Als ein zweites Mal ein Klingeln zu hören ist, ruft sie in Richtung Tür.]

LARA: „Ja, ja, ich komme ja schon."

[Lara schlurft in den rechten dunklen Bühnenteil, wo man eine Tür auf- und zugehen hört. Lara kommt wieder zurück geschlurft und hält einen Blumentopf in der Hand, der mit dem Geschenkpapier einer Blumenhandlung eingepackt ist. Sie setzt sich die Brille auf und spricht laut mit sich.]

19

LARA: „Komisch. Es war niemand draußen. Wenn der Bote nicht warten will, könnte er das Paket gleich hinstellen und müsste nicht zweimal klingeln. Aber so ist es eben heute überall. Zeit ist Geld. Und als ich mich gerührt hatte, wusste er, dass das Paket nicht vor der Türe stehen bleibt und in die falschen Hände gerät. Na schön. Wer schickt mir denn diesen Blumentopf: die Blumenhandlung Orchidee. Sehr lieb von ihr. Aber wer gab dazu den Auftrag? Und warum?"

[Lara beginnt das Papier abzuwickeln und lässt es, ohne es zu zerknüllen oder zusammenzulegen, auf den Boden fallen. Ein kleiner grüner Kaktus wird sichtbar, aber keine Visitenkarte oder Grußkarte steckt im Blumentopf.]

LARA: „Komisch. Kein Absender, keine Karte, Grußworte oder gar ein Gedicht. Dabei wäre es doch in Anlehnung an die Comedian Harmonists hier ganz leicht, selbst einen netten Text zu verfassen und als persönlichen Gruß beizulegen."

[Lara beginnt zuerst die Melodie zu summen, dann – eventuell mit leiser Klavierbegleitung – zu singen.]

„Ein kleiner grüner Kaktus,
steht draußen vor der Tür,
hollari, hollari, hollaro.
Er macht dir sicher Freude,
drum schenke ich ihn dir,
hollari, hollari, hollaro.

Und ist's mein Chef, der Wicht,
der durch den Kaktus spricht
dann lache ich ihm nur in sein Gesicht, G'sicht, G'sicht.

Mein kleiner grüner Kaktus,
steht hier nun neben mir,
hollari, hollari, hollaro.

Drum Chef bleib brav und artig,
das rate sehr ich dir,
hollari, hollari, hollaro.

Und will mein Chef das nicht,
ist er auf Sex erpicht,
dann hol ich meinen Kaktus und der sticht, sticht, sticht."

[Lara summt noch eine Weile ohne Text, während sie nochmals das Papier aufhebt und nach einem Absender sucht. Schließlich legt sie das Papier sorgfältig zusammen und legt es unter den Sessel.]

LARA: „Ich gebe auf. Da war kein Absender dabei."

[Plötzlich schlägt sich Lara auf die Stirn.]

LARA: „Vielleicht war der Blumengruß gar nicht für mich bestimmt, sondern für Egon? Oder vielleicht ist er überhaupt falsch zugestellt? Ich muss das klären."

Szene 7

[Lara nimmt das Geschenkpapier nochmals in die Hand, greift zum analogen Telefon, besinnt sich dann aber eines besseren und nimmt das noch am Kabel hängende Handy zur Hand, nickt erfreut und sagt:]

LARA: „Na endlich funktionierst du wieder."

[Sie wählt die auf dem Einpackpapier aufgedruckte Nummer. Der rechte, dunkle Teil der Bühne wird langsam heller. Der Schreibtisch von vorher ist nun ein Blumenverkaufspult – dessen Blumen eventuell nach der Aufführung am Valentinstag verschenkt werden können. Ein Mann ist nur von hinten zu sehen, greift zum Handy, hebt ab und spricht mit deutlichem Sprachfehler.]

VERKÄUFER: „Blumenhandlung Orchidee. Wie kann ich Ihnen helfen?"

LARA: „Mir wurde soeben ein kleiner grüner Kaktus angeliefert, von dem ich mangels Lieferschein oder Grußkarte weder weiß, von wem er kommt, noch, ob er wirklich für mich bestimmt ist. Meine Adresse ist Bahngasse 10, Tür 6. Können Sie das bitte abklären. Ich bleibe solange am Apparat."

VERKÄUFER: „Nein, das kann ich leider nicht, Gnädigste. Ich bin hier nur eine Aushilfe – und auch das nur am heutigen Tag. Ich helfe nur Blumen einzupacken und in die Auslieferungstassen zu stellen, mit denen unser Botendienst dann nach den Listen, die das Büro verfasst und aushändigt, die Ware ausliefert. Dass dabei gerade heute etwas schiefgehen kann, ist bei der gewaltigen Menge an auszuliefernder Ware leicht möglich."

LARA: „Wieso betonen Sie GERADE HEUTE? Was ist GERADE HEUTE so Besonderes?"

VERKÄUFER: „Das wissen Sie nicht, Gnädigste? Heute ist Valentinstag! Daher: Freuen Sie sich über den Blumengruß – selbst wenn er vielleicht gar nicht für SIE bestimmt war. Und jetzt entschuldigen Sie mich bitte. Ich gehe hier in Arbeit unter."

[Rechte Seite wird wieder dunkel, bleibt sonst unverändert. Während dessen zieht Lara links den Morgenmantel aus, legt die Brille ab und geht ins Bett, löscht die Nachttischlampe und singt dabei leiser werdend:]

LARA:

„Mein kleiner grüner Kaktus,
steht hier nun unterm Bett
hollari, hollari, hollaro.

Ich finde ihn trotz Stacheln
als Liebesgruß recht nett,
hollari, hollari, hollaro.

Doch bringt der Liebste nicht
im Bett, was er verspricht,
dann nehm ich diesen Kaktus und der sticht, sticht, sticht."

[Schließlich summt sie im leiser werdend im Bett nur mehr die Melodie, während das Bühnenlicht auch dort langsam verlischt.]

Szene 8

[Man hört im dunklen rechten Teil eine Tür gehen. Egon ist nach einigen Stunden heimgekommen und macht auf der linken Bühnenseite Licht, sodass die im Bett liegende Lara erwacht, und sich an der Bettkante aufsetzt. Er geht hin und streicht Lara über den Kopf.]

EGON: „Hallo, mein Schatz."

LARA: „Hallo, Egon. Hast du heute keine Reparaturaufträge zu erledigen?"

EGON: „Schon. Du weißt, nicht alle Frauen sind so praktisch veranlagt wie du. Diese Powerfrauen und Hauskuschelkatzen rufen uns an, weil sie nicht imstande sind, das Fusselsieb der Waschmaschine zu reinigen oder den Siphon unter der Abwasch zu säubern. Andererseits: Gott sei Dank gibt es diese Frauen – sonst hätte ich keine Arbeit."

LARA: „Und glaubst du nicht auch, dass die Frauen gar nicht so dumm sind, sondern sich nur absichtlich dumm stellen, um meinen starken, attraktiven und potenten Ehemann in Abwesenheit des eigenen Ehemanns ins Haus zu locken?"

EGON: „Für eine Kranke bist du ziemlich kess, meine liebe Lara. Oder stellst du dich analog zu deinen eben beschriebenen Geschlechtsgenossinnen auch nur krank, um deinen Ehemann früher als sonst nach Hause zu locken? Immerhin kam ich wirklich nur heim, um nach dir zu schauen. Geht es dir schon besser?"

LARA: „Ja, mein lieber Egon. Vor allem nach dem du mir einen so lieben Valentinstagsgruß geschickt hast. Das hast du noch nie gemacht. Das einzige, was meine Freude ein wenig gedämpft hat, war, dass keine Grußkarte dabei war. Ein paar liebe Zeilen – sie müssten nicht einmal gereimt sein – hätten die Sache perfekt gemacht."

[Egon wirkt plötzlich unangenehm überrascht und antwortet erst nach einer deutlichen Pause und mehrfachem heftigen Räuspern.]

EGON: „Äh, ja, es freut mich, wenn es dich gefreut hat. Darf ich schauen, ob alles so gekommen ist wie bestellt und wirklich keine Karte dabei war?"

LARA: „Gerne. Hier am Boden steht er, der kleine grüne Kaktus. Ich weiß zwar nicht, warum es gerade ein Kaktus wurde, aber du wirst es mir ja wohl gerne erklären, oder?"

EGON: „Na, ja, das hat natürlich nichts mit deinem Wesen zu tun. Du bist weich, gut duftend wie eine Rose und nicht hart, trocken und stachelig wie dieser Kaktus, mein liebes Weib. Als ich im Geschäft nach etwas Passendem suchte und sagte, dass wir beide berufstätig sind und gerne verreisen, wurde mir zu etwas geraten, was keine intensive Pflege wie häufiges Gießen usw. braucht."

LARA: „Ich verstehe. Da war klug gedacht. Apropos klug. Ich habe Herrn Klug angerufen und mich krankgemeldet. Der war nicht glücklich, weil ich heute eigentlich mit Herrn Karl eine Ankaufsprobefahrt machen sollte. Aber was soll ich tun: es wäre unklug als Kranke dennoch in die Arbeit zu gehen und dort meinen Chef und Kunden anzustecken."

EGON: „Sehr klug und richtig, liebe Lara. Und weil du krank bist, will ich dich nun nicht weiter anstrengen. Wie üblich werde ich nach Erledigung des nächsten Reparaturauftrags irgendwo passend essen gehen. Soll ich dir etwas mitbringen?"

LARA: „Nein, danke. Ich bin wirklich krank – ich habe keinen Appetit."

EGON: „Wie du willst."

[Gerade als Egon sich anschickt, wegzugehen, läutet es an der Tür.]

EGON: „Erwartest du Besuch, Lara? Vielleicht dein Chef, der endlich Gelegenheit hat, in vermeintlicher Abwesenheit des Gatten unter dem Vorwand eines Krankenbesuchs sich seiner hübschen Mitarbeiterin zu nähern – noch dazu wo diese gerade nur Reizwäsche anhat."

[Lara blickt mehrmals auf ihr langes, verknittertes, unmodernes Nachthemd hinunter, steht auf und dreht und wendet sich und lacht dabei mehrmals kurz auf. Währenddessen geht Egon in die rechte dunkle Bühnenseite. Man hört eine Tür auf- und zugehen. Dann kehrt Egon mit einem Blumentopf genau der Art des zuerst gelieferten zurück. Er und Lara sind beide sehr erstaunt.]

LARA: „Der sieht genauso aus wie der andere. Mach bitte auf, Egon!"

[Egon wickelt recht heftig reißend das Geschenkpapier ab und beäugt es so sorgfältig, dass Lara schließlich fragt.]

LARA: „Musst du die Schrift wirklich erst entziffern? Ich nehme an, dass die Lieferung vom gleichen Geschäft stammt, wo du eingekauft hast. In unserer Nähe gibt es ja nur das eine."

EGON: „Äh – ja. Ich wollte nur vergleichen, ob sie für alle Kunden das im Geschäft angebotene Papier verwenden. Ja, offenbar ist es immer das gleiche Papier mit immer wieder dem gleichen Aufdruck: Blumenhandlung Orchidee."

[Egon entfernt sodann das Papier ganz, knüllt es zusammen und wirft es zu Boden.]

EGON: „Ach ja. Wieder ein kleiner Kaktus, statt nur grün diesmal grün-gestreift. Aber diesmal mit einer Karte. Soll ich vorlesen?"

LARA: „Ja, bitte."

EGON: „Na gut. Hier steht:
‚Schade, dass es mit unserem Treffen heute nichts wurde. Alles Gute und Liebe. K.'

[Egon lässt die Karte sinken und blickt Lara misstrauisch an. Diese wirkt auch verunsichert und denkt lange nach, bevor sie spricht.]

LARA: „Sehr eigenartig, Egon, findest du nicht auch? Zweimal das gleiche Geschenk. Einmal anonym, dann mit Absender."

EGON: „Absender ist gut, liebe Lara. Hier steht nur K. Für mich ist das auch anonym. Oder weißt du, wer hinter dem K steckt?"

LARA: „Nein, ich weiß es auch nicht? Es könnte natürlich mein Chef sein. K als Abkürzung für Klug."

EGON: „Oder für Kurt, wie sein Vorname lautet."

LARA: „Ach Egon, lass dein Misstrauen und deine Eifersucht. Du weißt, dass ich ihn sieze, obwohl er mich ungefragt duzt und immer wieder will, dass ich das auch tue. Im Interesse eines guten Betriebsklimas und einer menschlichen Begegnung auf Augenhöhe sei das wichtig, ja nötig – wie er immer wieder zu sagen pflegt."

EGON: „Ich weiß nur, dass du das mir gegenüber immer wieder so erzählst. Ob es genau so ist, weiß ich nicht. Ich bin schließlich nicht im Betrieb dabei. Dennoch ist es eigenartig, einen zweiten, noch dazu fast gleichen Blumengruß zu erhalten. Findest du nicht auch?"

LARA: „Das klingt ein wenig eifersüchtig, mein lieber Egon, ja misstrauisch. So, als ob ich neben deinem Blumengruß einen weiteren von einem Verehrer bekommen hätte."

EGON: „Und? Ist das nicht eigenartig, ja verdächtig?"

LARA: „Ja und nein. Nein, wenn der erste von dir und der zweite von meinem Chef stammt. Ja, wenn es anders ist. Und gerade DEIN Misstrauen zeigt mir, dass es für DICH auch anders sein könnte. Und das schürt nun MEIN Misstrauen. Du willst wissen, warum?"

EGON: „Natürlich will ich das wissen!"

LARA: „Nun: Dass die zweite Lieferung von meinem Chef stammen dürfte, klingt recht plausibel. Er wusste aufgrund unseres Telefonats heute Früh, dass ich krank bin. So er mir am heutigen Valentinstag einen Blumengruß zukommen lassen wollte, musste er ihn HEUTE schicken. Die Initialen auf der Karte, der Text wie auch Lieferzeitpunkt passen in dieses Bild."

[Lara macht eine Pause und fixiert dabei Egon, der ersichtlich unruhig wird, aber dennoch kontert.]

EGON: „Also für mich ist das nicht so plausibel. Der Text auf der Grußkarte ist so allgemein gehalten, dass man daraus nicht unbedingt schließen kann, dass der Schreiber von deiner Krankheit wusste. Er schrieb nur, dass aus unserem heutigen Treffen nichts wird. Wo und zu welcher Uhrzeit dieses Treffen stattfinden sollte, lässt sich nicht erkennen. Und mit WEM auch nicht. Das Kürzel K kann für alles mögliche stehen."

LARA: „Stimmt. Es könnte etwa auch für Karl stehen, den ich ja auch heute hätte treffen sollen."

EGON: „So, so, Karl ... oder für jemanden, den ich gar nicht kenne!"

LARA: „Stimmt. Aber wie heißt es in der Wissenschaft und bei polizeilichen Untersuchungen: man sollte (zunächst) nach möglichst einfachen, naheliegenden Erklärungen suchen. Und das will ich nun weiter versuchen. Einverstanden?"

[Lara sieht Egon eine Weile an und als der nichts sagt, sondern nur mit einer Geste hilfloser Ergebenheit nickt, führt sie aus:]

LARA: „Ich setze einmal hypothetisch voraus, dass die zweite Lieferung von meinem Chef stammt. Dann ist kaum anzunehmen, dass auch die erste von ihm stammt. Bist du da auch meiner Meinung?"

EGON: „Natürlich. Aber was das mit Hypnosen zu tun haben soll, ist mir völlig unklar."

LARA: „Hypothesen, nicht Hypnosen. Lass dich überraschen. Ich möchte einfach Personen aus der Liste der möglichen Spender der ersten Lieferung streichen. Wissenschaftlich nennt man dieses Vorgehen das Exklusionsprinzip."

EGON: „Musst du mir einfachem Handwerker schon wieder deine intellektuelle Überlegenheit demonstrieren, nur weil ich schon schlecht höre und schwer verstehe? Ich jedenfalls habe meine Gesellenprüfung abgelegt, du hast dein Studium hingegen nach einigen Semestern abgebrochen."

LARA: „Super, dass du mir das wieder einmal vorhältst. Dass ich das tat, um mit meinem Einkommen DEINE alten Kredite abzuzahlen, hast du inzwischen verdrängt. Aber so seid ihr Männer eben."

EGON: „Lassen wir das. Fahre fort in deinem Extrusionsprinzip. Extrusion kenne ich wenigstens aus meiner Lehrzeit. Dass ihr Uni-Leute das auch in der Wissenschaft braucht, wundert mich aber schon."

LARA: „Ok. Karl können wir gemäß dem Exklusionsprinzip – nicht Extrusionsprinzip – mit der gleichen Berechtigung von der Liste streichen wie meinen Chef."

EGON: „Warum auch Karl?"

LARA: „Bitte höre GENAUER zu. Ich habe nicht gesagt, AUCH streichen, sondern nur: ‚mit der gleichen Berechtigung' wie meinen Chef. Denn auch Karl würde wohl mit K signieren, und auch Karl wusste wohl von meinem Chef, dass das heutige Treffen mit mir aus Krankheitsgründen geplatzt ist. Insofern hätte er genauso wie mein Chef die zweite Lieferung veranlassen können, aber hätte das wohl nur dann getan, wenn er noch keine erste geschickt hat. Kannst du mir folgen?"

EGON: „Ich glaube, ja."

LARA: „Bevor wir uns nun weiter den Kopf zerbrechen, welchen der beiden wir mit größerer Wahrscheinlichkeit von der Liste der Auftraggeber streichen können, wollen wir den streichen, wo es keinen Zweifel gibt, dass er die erste Lieferung nicht veranlasst hat."

EGON: „Und wer ist das?"

LARA: „DU bist das!"

[Egon wird bleich und knickt sichtlich ein, antwortet dennoch trotzig:]

EGON: „Wie kommst du darauf?"

LARA: „Aufgrund deiner Aussage, die so nicht stimmen kann. Wie hast du gesagt? Du warst persönlich im Geschäft und hast dich beraten lassen. Richtig?"

EGON: „Ja, das habe ich gesagt."

LARA: „Aber das ist nicht möglich. Von uns bis in die Blumenhandlung Orchidee ist es ein schönes Stück Weg, wofür man gut und gern eine Viertelstunde benötigt. Aber der erste Blumengruß kam schon etwa 15, höchstens 20 Minuten nachdem du die Wohnung verlassen hattest. Ich weiß noch sehr genau, wann du weggingst und wann der Blumenstock geliefert wurde. Hättest du telefonisch geordert, wäre alles ok. Aber das hast du nicht gesagt. Daher hast du nachweislich gelogen und bist mit Sicherheit nicht der Spender des ersten Blumengrußes."

[Egon ist noch weiter in sich zusammengesunken, versucht aber nochmals dagegenzuhalten.]

EGON: „Bist du dir wirklich mit den Zeiten ganz sicher?"

LARA: „Ja. Ich hatte in diesem Zeitraum das Fieberthermometer unter der Achsel und habe daher mehrmals auf meine Armbanduhr geblickt und dann noch meine Tasse Tee ausgetrunken. Nein, da gibt es keinen Zweifel. Zudem gibt es neben diesem Zeit-Beweis für deine Lüge ein weiteres Indiz, das mich schon vorhin stutzig machte. Nämlich wie du den Aufdruck am Einpackpapier zu entziffern suchtest. Wärst du im Geschäft gewesen, so hättest du dessen Namen wohl gewusst. Hast du aber nicht – weil du nämlich nicht dort warst."

[Egon ist in sich zusammengesunken und zuckt bzw. fuchtelt hilflos mit den Armen, nach einer plausibel klingenden Erklärung suchend. Lara sieht ihm dabei mitleidlos eine Weile zu, bis sie schließlich weiter redet:]

LARA: „Das könnte aber bedeuten, dass die erste Sendung gar nicht für mich bestimmt war."

[Lara sieht Egon nun noch durchdringender an.]

LARA: „Natürlich wäre es möglich, dass die Sendung irrtümlich vor unserer Eingangstür abgestellt wurde. Als ich die Eingangstür öffnete, sah ich keinen Boten und konnte daher nicht nachfragen. Und auch mein Anruf bei der Blumenhandlung brachte keine Klärung."

[Lara wurde immer lauter und sah Egon nun fast feindselig an.]

LARA: „Eine erste, wenn auch nur teilweise Aufklärung rund um diese Lieferung hast du mir nun geliefert. DU hast mir gegenüber so getan, als ob die Lieferung von DIR gekommen wäre – was übrigens das erste Mal in unserer Ehe gewesen wäre. DU hast nicht gesagt, das muss eine Fehllieferung gewesen sein. DU warst, als ich dich mit der ersten Lieferung konfrontierte, nicht einmal eifersüchtig, obgleich DU wusstest, dass der Blumenstock nicht von dir stammt. Das nennst du Liebe? DU hast mich in meiner zuckerlrosaroten Illussionswolke schweben lassen, so getan, als ob DU mir den Blumengruß geschickt hättest."

[Lara macht eine längere Kunstpause.]

LARA: „Die Frage ist, warum du dies getan hast."

EGON: „Das ist doch naheliegend. Ja, ich habe dir noch nie einen Valentinstagsgruß schicken lassen, auch heute nicht. Aber als ich deine riesengroße Freude sah, konnte und wollte ich diese nicht mit der banalen Wahrheit zerstören."

[Lara sieht Egon lange mit wiegendem Haupt an.]

LARA: „Ja, so könnte es gewesen sein. Aber es gibt da noch zumindest eine andere Möglichkeit."

EGON: „Noch mindestens eine andere Möglichkeit? Welche? Ich sehe nicht eine einzige."

LARA: „Zum Beispiel, dass der Gruß gar nicht für MICH gedacht war, sondern für DICH. ICH bin normalerweise um diese Zeit nicht daheim, genauer: üblicherweise sogar bis zum Abend nicht daheim. DU schon – immer wieder in Pausen zwischen den Reparaturaufträgen. Der Blumengruß hätte also auch DIR gelten können."

EGON: „Wer sollte MIR schon einen Blumengruß schicken – noch dazu einen so stacheligen?"

LARA: „Ja, das ist eine interessante Frage. Vielleicht eine Dame, der gegenüber du dich zu stachelig zeigst."

EGON: „Aber das müsste dich doch freuen, wenn ich stachelig, also abweisend gegenüber anderen Frauen bin."

LARA: „Schon. Andererseits könnte es so sein, dass du nicht immer abweisend warst, sondern erst zuletzt, und die Frau das nicht so einfach akzeptieren wollte und DIR daher eine Erinnerung, vielleicht auch Warnung, auf diesem Weg zukommen ließ."

EGON: „Genauso gut hätte auch DIR jemand aus dem gleichen Grund den Kaktus schicken können."

LARA: „Dann hätte ich wohl, um bei DIR keinen Argwohn zu erregen, den Kaktus verschwinden lassen."

EGON: „Wie denn und wo? Krank, wie du bist, konntest du ja nicht die Wohnung verlassen. Nein, meine Liebe. Deine Überlegungen sind auch nicht unangreifbar. Mehr noch: Du steigerst dich in immer neue Hirngespinste, liebste Lara."

LARA: „Mag sein. Uns Frauen wird ja immer mangelnde Logik vorgeworfen. Umgekehrt attestiert man uns aber ein hohes Maß an Intuition und Empathie. Und die sagt mir, dass ich als vernachlässigte Liebhaberin durchaus so hätte handeln können."

EGON: „Ich bin platt. Auch wenn ich nicht weiß, was du mit Institution und Emphasie meinst, erkenne ich heute ganz neue, ungeahnte Seiten an dir."

LARA: „Nicht Institution und Emphasie, sondern Intuition und Empathie. Für dich kurz: Einfühlungsvermögen. Und ja, so ein Valentinstag kann in Sachen Liebe sehr aufschlussreich sein. Ich habe vor unserer Hochzeit nicht am Mond gelebt und durchaus manche schöne und weniger schöne Erfahrungen gemacht – von denen DU übrigens heute in unserem Eheleben profitierst. Also tu nicht so naiv. Auch ich war nicht die erste für dich – und wie der heutige Blumengruß nahelegt, vielleicht auch nicht die letzte."

[Lara sitzt angriffig vor dem in sich zusammengesunkenen Egon und genießt längere Zeit schweigend und feixend den Triumph ihrer Brandrede.]

EGON: „Und was soll ich nun zur Rettung der Lage tun, meine einfühlsame Lara? Den Kaktus zum Blumengeschäft zurückbringen und nachfragen, wer ihn in Auftrag gab?"

LARA: „Das könnt DIR so passen. So erfahre ICH sicher nicht, wer hier dahintersteckt. Oder besser doch! Falls ich das nicht doch gleich telefonisch erledigen kann, kannst du ihn zurücktragen."

[Lara greift zum Handy, holt das zusammengeknüllte Papier wie auch das sorgsam zusammengefaltete Papier, vergleicht die beiden aufgedruckten Telefonnummern, nickt zustimmend ob deren Identität und wählt die Nummer.]

Szene 9

[Während des Läutens wird rechts wieder schrittweise der Blumentisch sichtbar, wo der gleiche Mann mit Rücken zum Publikum am Handy abhebt und mit Sprachfehler spricht.]

VERKÄUFER: „Blumenhandlung Orchidee. Wie kann ich Ihnen helfen?"

LARA: „Ich habe heute schon einmal angerufen wegen einer möglicherweise falsch zugestellten Ware. Nun haben wir die gleiche Ware nochmals erhalten. Da stimmt doch etwas nicht, oder?"

VERKÄUFER: „Warum? Warum sollten Sie heute nicht von zwei Verehrern einen Blumengruß bekommen, Gnädigste?"

LARA: „Aber – bei einem stand kein Absender!"

VERKÄUFER: „Es soll auch stille, heimliche Verehrer geben!"

LARA: „Aber nicht bei mir. Ich bin keine solche … solche, na Sie wissen schon. Aber bitte: dann sagen Sie mir den Namen des heimlichen Verehrers, der mir den ersten Kaktus schickte."

VERKÄUFER: „Das kann ich nicht – aus vielerlei Gründen. Erstens fragen wir die Kunden, die hier im Geschäft einen Auftrag erteilen, nicht nach ihren Namen. Wenn sie bar bezahlen, erfahren wir die Namen auch nicht über deren Bankcard. Und selbst wenn wir den Namen eines Kunden wüssten, dürften wir ihn aufgrund der neuen EU-Datenschutzgrundverordnung nicht nennen. Wenn der Verehrer Ihnen also nicht mit einer beiliegenden Karte sagen will, wer er ist, dann erfahren Sie es auch nicht. Und sollte es sich um einen dieser widerlichen, aufdringlichen Stalker handeln, der Sie immer wieder mit Blumen belästigt, dann müssen Sie zur Polizei gehen. Aber ich gebe Ihnen wenig Hoffnung. Da WIR die Ware verpacken, ist darauf kein Fingerabdruck oder die DNA des Stalkers zu finden. Kurz gesagt: Freuen Sie sich über den Blumengruß und lassen Sie mich mit Ihrer Fragerei nun bitte in Ruhe! Ich habe zu tun. Wir müssen heute noch hunderte Sendungen ausliefern."

[Der Verkäufer legt auf, die rechte Bühne wird dunkel, um den Blumentisch zum Küchentisch mit zwei Sesseln in Karls Wohnung umzubauen.]

[Lara lässt das Handy ersichtlich sehr unbefriedigt und sich selbst aufs Bett sinken. Schließlich wendet sie sich im Liegen an Egon.]

LARA: „Na schön, das war ein Reinfall. Vielleicht hast du mehr Glück. Trag den Blumenstock zurück und versuche herauszufinden, welchen heimlichen Liebhaber deine liebe Lara hat! Vielleicht tausche ich ihn dann gegen dich ein!"

[Egon erhebt sich ersichtlich wenig erfreut, kopfschüttelnd und verärgert ob dieser Aussage und des Auftrags, nimmt den Blumenstock, nimmt das geglättete Papier, um den Stock wieder einzupacken, und als das nicht sauber geht, wirft er es wieder weg und versucht das von Lara vorher sorgsam zusammengefaltete Papier zu verwenden. Als auch das nicht klappt, zerknüllt er auch dieses murrend und wirft es wütend unter den Sessel. Schließlich verschwindet er mit dem unverpackten Kaktus grußlos in Richtung der inzwischen dunklen rechten Bühnenhälfte, wo man die Tür öffnen und schließen hört. Lara knipst das Licht aus, das Licht auf der ganzen Bühne erlischt.]

Szene 10

[Man sieht Egon auf dem Weg zur Blumenhandlung, entweder vor dem Vorhang oder mit einem mitwandernden Spot auf der sonst dunklen Bühne. Er trägt den Kaktus vorsichtig vor sich in der Hand und kommuniziert mit diesem – mit Klavierbegleitung – singend, notfalls rezitierend. Egon geht im Lauf der Szene zuerst ersichtlich zielstrebig, stockt dann mehrmals und tritt schließlich immer leiser werdend ganz von der Bühne ab.]

EGON:

Blumen im Garten,
so zwanzig Arten
von Rosen, Tulpen und auch Nelken.
Die, die das mögen,
sollen sie pflegen;
von mir aus könnten sie verwelken.

Nicht die aparten
Damen, die warten,
dass junge Männer sie frech küssen.
Doch deren Träume,
sind vielfach Schäume;
wir Männer sind nicht dienstbeflissen.

Drum schenk ihr einen Kaktus
als Valentinstagsgruß,
hollari, hollara, hollaro.
Denn der ist wohl zu stachlig
für einen Liebeskuss,
hollari, hollara, hollaro.

Ist süchtig sie im Herz,
zeigt ihr ein kurzer Schmerz,
das Küssen eines Kaktus ist kein Scherz, Scherz, Scherz, Scherz, Scherz.

Will sie inbrünstig küssen,
ganz voller Lust genießen,
und küsst nicht nur zum Schein,
merkt sie von ganz allein
das Küssen eines Kaktus macht nur Pein, Pein, Pein, Pein, Pein.

Der grün-gestreifte Kaktus,
der wurde uns geschickt,
hollari, hollara, hollaro.
Doch niemand will uns sagen,
wer hat uns da beglückt,
hollari, hollara, hollaro.

Somit ist uns fürwahr,
noch immer gar nicht klar,
welcher Verehrer machte sich hier rar, rar, rar, rar, rar.

Und giert mein Weib nach Liebe,
spürt in sich Frühlingstriebe,
ich sag ihr ins Gesicht,
als Weib tut man das nicht,
gib acht, wenn Lust mit Keuschheit in dir ficht, ficht, ficht, ficht,
ficht.

PAUSE

(Präsentation des Buches „(Pf)Affenliebe" auf einem Tisch im
Foyer, am Valentinstag selbst eventuell die (an diesem Tag fri-
schen) Blumen aus der dann nicht mehr benötigten Dekoration
der Blumenhandlung einzeln verschenken.)

Szene 11

[Vor dem Vorhang oder vor dunkler Bühne. Nur Spot auf Egon, der die Bühne betritt und einige wenige Schritte unschlüssig mit wiegendem Kopf den Blumentopf hin und her wendend auf und ab. Dabei beginnt er – eventuell mit leiser Klavierbegleitung – wiederum wie beim Abgang zu singen/zu rezitieren:]

EGON:

Blumen im Garten,
so zwanzig Arten
von Rosen, Tulpen und Narzissen.
Die, die das mögen,
sollen sie pflegen;
ich kann sie reuelos vermissen.

Nicht so die aparten,
Frauen, die da warten,
dass fesche Männer sie frech küssen;
Und gar nicht selten
sind ohne schelten,
diese nun gerne dienstbeflissen.

Der grün-gestreifte Kaktus,
der wurde hingelegt,
hollari, hollara, hollaro.
Doch niemand will uns sagen,
wer solche Liebe hegt,
hollari, hollara, hollaro.

Wir fragen immerfort,
wer macht ohn jedes Wort
aus Liebesdingen sich nur einen Sport, Sport, Sport, Sport,
Sport.

Schreibt später er voll List,
dass er der ihre ist,
in einem schönen Reim,
geht sie ihm auf den Leim,
doch das darf nie und nimmermehr so sein, sein, sein, sein, sein.

Der grün-gestreifte Kaktus,
der wurde uns geschenkt,
hollari, hollara, hollaro.
Ich würde gerne wissen,
wer sich so was ausdenkt,
hollari, hollara, hollaro.

Da stand er vor der Tür,
doch sagt mir mein Gespür,
er galt wohl meiner Gattin und nicht mir, mir, mir, mir, mir.

Es sagt mir meine Ahnung,
der diente zur Anbahnung,
zu locken immer neu
bis sie mir wird untreu
doch dann mach ich sicherlich laut Geschrei, G'schrei,
G'schrei, G'schrei, G'schrei.

Der grün-gestreifte Kaktus,
der wurde uns gebracht,
hollari, hollara, hollaro.
Ich würde gerne wissen,
wer solche Sachen macht,
hollari, hollara, hollaro.

Der glaubt wohl, dieser Mann,
mit dem, was er ersann,
kommt er an meine Gattin ganz nah ran, ran, ran, ran, ran.

Doch das wird so nicht klappen,
ich schlag ihm auf die Pappen,
obwohl nicht selber treu
gib ich mein Weib nicht frei,
und stich mit diesem Kaktus ohne Reu, Reu, Reu, Reu, Reu.

Der grün-gestreifte Kaktus,
der wurde uns geschenkt,
hollari, hollara, hollaro.
Doch ist uns unbekannt,
wer damit an uns denkt,
hollari, hollara, hollaro.

Drum trag ich ihn zurück,
vorbei das kurze Glück,
denn dieser Kaktus sticht wie eine Mück, Mück, Mück, Mück,
Mück.

Selbst am Valentinstag,
empfind ich ihn als Plag,
drum leb ich den Verzicht,
sag im Geschäft, der sticht,
solch einen Kaktus will ich sicher nicht, nicht, nicht, nicht,
nicht.

[Egon wird nachdenklich und beginnt ein lautes Selbstgespräch/
Zwiegespräch mit dem Kaktus.]

EGON: „Soll ich dich wirklich zurückbringen? Wozu? Reine
Geldverschwendung. Lara hat sich gefreut! Vielleicht freut sich
Betty auch? Außerdem habe ich einen Vorwand und ein Alibi,
um meine Freundin zu besuchen. Was sag ich: Freundin. Sie ist
meine Zwischendurch-Gelegenheits-Sexnotstands-Geliebte für
Zeiten großen Lenden- falsch: Lenzen-Schmerzes. Na, Ihr wisst
schon, der Lenz, der Frühling eben, der die Lebensgeister an-
treibt. Ihr, liebe Zuseher und Zuseherinnen dürft es ruhig wissen,

so ihr es nicht meiner Frau weitererzählt, gell. Ich werde gleich anrufen, ob die Luft rein ist. Sollte ihr Mann Karl abheben, auch kein Problem: ich habe ja eine gute Ausrede."

Szene 12

[Egon holt sein Handy heraus und wählt eine Nummer. Auf der rechten Bühnenseite wird es hell. Man sieht Betty im Küchenkittel gerade den Küchentisch mit einem Tischtuch deckend. Diese nimmt beim Läuten das Handy heraus und hebt ab:]

BETTY: „Egon – du? Für heute hatten wir uns gar nichts ausgemacht."

EGON: „Ich weiß. Es hat sich halt so ergeben, dass ich für ein Schäferstündchen Zeit hätte. Und nach einem Streit mit Lara brauche ich dringend eine Entspannung."

BETTY: „Das trifft sich gut. Karl ist unterwegs, um unseren alten Wagen der Firma Klug anzudrehen. Er macht gerade eine Ankaufsbesichtigungs-Probefahrt."

EGON: „Fein. Dann komm ich gleich bei dir vorbei."

BETTY: „Sehr gut, ich mach schon die Eingangstür auf und mach mich ein wenig frisch."

[Spot über Egon erlischt. Betty geht kurz ins Dunkel und kommt statt im Küchen/Hauskittel mit einer jener kessen kleinen Schürzen – ähnlich denen in den Barbusen-Restaurants – zurück, tätschelt ihre Wangen, fährt sich durchs Haar, holt einen Parfümflakon und düftelt sich ein, hebt ihren Busen nach oben und streicht ihre Strümpfe und den Po glatt, blickt prüfend in den Spiegel und auf ihre Fingernägel, und murmelt schließlich zu sich deutlich hörbar.]

BETTY: „Du bist noch immer ein ganz passables Weibsbild, liebe Betty."

EGON: „Das kann ich bestätigen."

[Egon war inzwischen im dunklen Teil der Bühne nach rechts gegangen, hat leise den Kaktus auf den Küchentisch abgestellt und ist hinter Betty getreten, wobei er sie von hinten unter dem Busen um den Brustkorb umfasst. Betty lehnt den Kopf zurück und lässt Egon an ihrem Ohr knabbern/flüstern.]

BETTY: „Schön, dass du da bist."

EGON: „Ich habe dir übrigens etwas mitgebracht, mein Liebes."

BETTY: „Oh, wirklich? Was? Lass sehen!"

[Betty entwindet sich der Umschlingung und sieht schließlich am Küchentisch den Kaktus stehen.]

BETTY: „Oh, wie niedlich ..."

EGON: „... aber nicht friedlich.
Denn der kleine Wicht,
der sticht, sticht, sticht."

BETTY: „Ach Egon, dichten kannst du auch."

EGON: „... natürlich, das ist nun mal so Brauch.
Willst du den Damen Freude machen,
da gibt es hunderttausend Sachen.
Viel besser noch als eine Torte,
sind wunderbar gesetzte Worte,
mit denen du laut lobst und preist,
die Schönheit und auch ihren Geist.
Die Frauen sind ganz hingerissen,
und wollen nur von dir noch wissen,
ob dieser Liebes-Lob-Gesang,
nicht doch zu hochgestochen klang.

Da sagst du mit gar voller Brust,
das ist nicht Lüge, es ist die Lust
nach dir, die solche Worte findet,
und dich ganz eng dann an mich bindet.
Komm her, beweise mir, dem Mann,
was eine Frau so alles kann!
Komm, weg das Tuch, lass mich nicht warten,
zu hegen deinen Liebesgarten!"

BETTY:

„Ja gleich, du Stern am Dichterhimmel,
mit deinem harten Dichter-Pimmel
– eh, zartem Dichter-Fimmel,
der Leidenschaft in mir entfacht,
komm her, der Tisch ist gleich gemacht."

[Betty stellt den Kaktus auf einen der Sessel, legt das Tischtuch auf den zweiten und legt sich rücklings auf den Küchentisch, während er zwischen ihre Beine tritt und sie ihn mit ihren Schenkeln am Becken umfasst. Betty kichert und girrt vor Lust. Die Beleuchtung wird abgedimmt, bis man das Liebesspiel nur mehr erahnen kann.]

Szene 13

[Auf der Bühnenmitte erscheint ein Spot auf eine (Auto-)Sitzbank, wo Karl und Valentia nebeneinander sitzen. Karl hält und dreht immer wieder das Lenkrad, während Valentia sich anschmiegt. Die Fahrgeräusche des Autos sind für kurze Zeit zu hören, bis die beiden Personen mit einem Ruck das Stehenbleiben des Autos simulieren und das Motorgeräusch abstirbt. Karl legt das Lenkrad auf den Boden.]

VALENTIA: „Es ist wunderbar, Karl, dass ich heute mit dir die Besichtigungsfahrt machen durfte. Wunderbar, wie du mit deiner extrastarken Einspritzpumpe immer wieder Gas gegeben hast und uns bis zum Höhepunkt – pardon: zur Höchstgeschwindigkeit – beschleunigt hast. Richtig geil! Ich erlebe das zwar nicht zum ersten Mal, aber Kurt, das Weichei, könnte sich an dir ein Beispiel nehmen."

KARL: „Besser nicht. Sonst würdest du ja wohl bei ihm bleiben und ich hätte das Nachsehen – sehr zu meinem Schaden:
Denn meine liebe Betty
die ist zwar sonst ganz netti,
doch abends dann im Betti,
da ist gar nichts paletti,
da haben wir a Gfretti."

VALENTIA: „Seit wann, lieber Karl, dichtest du?"

KARL: „Seit meine Betty das auch immer wieder selbst versucht oder irgendwelche mir unbekannte Verse zitiert, probiere ich es halt auch. Keine Ahnung, wer ihr den Floh ins Ohr gesetzt hat. Wahrscheinlich sitzt sie, während ich wie eben hart daran arbeite, Geld nach Hause zu bringen, vorm Fernseher und amüsiert sich an Übertragungen aus irgendwelchen billigen Kellertheatern und ländlichen Amateur-Stegreifbühnen, statt sich der hohen Dichtkunst auf den großen Bühnen der Welt hinzugeben."

VALENTIA: „Das soll sie ruhig weiter tun, damit du mehr Zeit für mich abzweigen kannst."

KARL: „Und du? Hast du dich nun schon ganz von deinem Mann abgezweigt?"

VALENTIA: „Ja, aber jetzt geht es ums Geld. Und da wäre gut, wenn nicht ich als die Schuldige dastehe, ich als diejenige, die ihren Mann wegen eines anderen, besseren wie dich, mein

Schnurrli-Kater, verlassen hat. Daher würde ich gern wissen, ob er sich nun erfolgreicher als bisher an seine rechte Hand, die Lara, heranmacht. Zu gern würde ich ihn in flagranti erwischen. Dann hätte ich etwas gegen ihn in der Hand. Aber wie soll ich das machen?"

KARL: „Das ist doch ganz einfach, meine liebe Betty, pardon, Valentia. Ich als Versicherungsvertreter werde immer wieder mit solchen Fragen konfrontiert."

VALENTIA: „Wirklich? Wie? Lass hören!"

KARL: „Schau, liebe Valentia. Wir leben in Zeiten, wo man sich gegen Einbrecher schützen muss – und auch kann. Das sage ich meinen Kunden immer und immer wieder und überrede sie so schließlich, sich gegen Einbrüche samt Vandalismus versichern zu lassen. Gleichzeitig überrede ich sie auch, sich eine Warnanlage einbauen zu lassen. Das reicht von Glasbruch- und Infrarotdetektoren über Bewegungsmelder bis hin zur völligen optischen Fernüberwachung der Räume."

VALENTIA: „Das darf man?"

KARL: „Ja, solange du diese ausschließlich innerhalb deiner eigenen Räumlichkeiten und mit Wissen und Zustimmung aller dort Wohnenden tust, ist dies völlig legal."

VALENTIA: „Aha. Und – ist das sehr teuer? Vor allem. Kann ich das einbauen, ohne dass Kurt merkt, dass ich ihn nun überwache?"

KARL: „In Zeiten von Miniaturkameras und Handys lassen sich diese Systeme sehr gut verstecken und unbemerkt aus der Ferne einsetzen. Ich habe zu Hause auch so ein System, mit dem ich jederzeit nachschauen kann, was dort gerade passiert."

VALENTIA: „Fühlt sich Betty nicht dadurch überwacht?"

KARL: „Nein, denn ich habe es ohne ihr Wissen installiert, und verwende es hin und wieder um Kunden zu demonstrieren, wie leicht man Räumlichkeiten – sei es das Geschäft oder die eigene Wohnung – überwachen kann. Ich muss dazu ja nicht unbedingt die Kamera im Badezimmer aktivieren, wo sich Betty vielleicht gerade duscht. Ein Blick in die Küche tut es meist auch."

VALENTIA: „Oh, das würde ich auch gerne tun."

KARL: „Wie du willst. Aber nur ein kurzer Blick. Ich möchte meine Zeit hier mit dir nicht damit vertrödeln ..."

[Karl nimmt sein Handy, hält es zwischen Valentia und sich und drückt darauf herum. Plötzlich sieht man den blassen Widerschein des Displays in ihren Gesichtern sich spiegeln und hört laute Stöhn- und Lustgeräusche, während das abgedimmte Licht auf der rechten Seite ein ganz klein wenig stärker wird.]

KARL: „Oh – das habe ich nun nicht erwartet. Meine Frau nützt meine Abwesenheit schamlos aus ..."

VALENTIA: „... in derselben Art und Weise, wie du es gerade mit mir tust. Also sei nicht beleidigt. Gönne ihr auch ein wenig Spaß. Wir Frauen sind schließlich genauso wenig Engel, wie ihr Männer es seid. Sonst wären wir längst ausgestorben."

KARL: „Dennoch! Mir ist es nicht egal! Noch dazu, wo ich den Kerl kenne, weil er immer wieder seine Serviceleistungen über mich mit den Versicherungen abrechnet. Aber dass er – und wie er – jetzt das Untergestell meiner Frau serviciert, geht doch ein wenig zu weit."

VALENTIA: „Und was willst du tun? Dich von Betty trennen?"

KARL: „Weiß ich noch nicht. Aber eines weiß ich genau. Ich würde den Kerl gerne über seine Frau Lara die Hölle heiß machen. Soll ich sie anrufen? Ihre Telefonnummer habe ich nämlich von früheren Rückrufen. Und wenn ich die Telefonnummer unterdrücke, weiß sie nicht einmal, von wem der Anruf kommt!"

VALENTIA: „Da hab ich eine bessere Idee. Zeichne einige Sekunden ihres Turtelns als Film auf und sende diesen an Lara. Geht das auch anonym?"

KARL: „Ja, das geht. Aber den Film schicke ich nicht nur an Lara, sondern auch an Egon. Einverstanden?"

VALENTIA: „Einverstanden!"

[Karl nestelt wieder am Handy herum, bis der Ton abstirbt und das Displaylicht erlischt. Auch auf der rechten Bühnenseite verlischt das Licht, damit Betty=Lara sich während der nachfolgenden Konversation umziehen und nach links zum Bett laufen kann.]

KARL: „So. das war's. Das bringt doppelte Freude für mich als gehörnten Ehemann. Denn Egon wird wissen, dass der Film nur von mir stammen kann. Er wird mich daher auf Knien anflehen, den Film nicht Lara zu zeigen. Was ich natürlich tue. Leider sehe ich nicht, wie Lara ihrem Egon dann den Kopf wäscht. Aber schon allein die Vorstellung davon gibt mir eine große Befriedigung."

VALENTIA: „Mir wäre es eine größere Befriedigung, wenn du mich nochmals befriedigst. Also komm schon her, streng dich an ..."

[Valentia umarmt wieder Karl, der sich noch ein wenig wehrt, weil er noch mit dem Abschalten des Handys beschäftigt ist. Schließlich legt er das Handy weg und umarmt auch seinerseits Valentia. Das Licht über dem Auto erlischt langsam. Es bleibt dunkel, bis sich Laras Handy meldet.]

Szene 14

[Lara wird durch das Handy geweckt. Lara knipst das Nachttischlicht an und fingert nach dem Handy und drückt herum, bis man Lust und Stöhngeräusche hört. Lara wirkt erst überrascht, dann wütend.]

LARA: „So, so. Da schickt man den unerwünschten Blumengruß irgendeines Stalkers durch seinen Mann zurück, und der bringt ihn stattdessen seiner Geliebten. Aber nicht mit mir!"

[Lara sitzt eine Weile überlegend auf der Bettkante. Nach einer Weile greift sie wieder zum Handy und wählt die Nummer des Autohauses, das wieder schrittweise heller wird. Herr Klug sitzt mit dem Rücken zum Publikum und nimmt mit dem Handy ohne auf das Display zu blicken den Anruf an.]

KURT: „Autohaus Klug&Klug. Guten Tag. Womit kann ich dienen?"

LARA: „Hallo Kurt, hier spricht Lara."

KURT: „Lara, liebe Lara! Endlich nennst auch du mich mit Vornamen. Endlich! Wie schön! Was hat deinen Sinneswandel herbeigeführt?"

LARA: „Nun ja, diesmal handelt es sich auch um etwas Privates. Hast du mir durch die Blumenhandlung Orchidee einen Blumengruß geschickt?"

KURT: „Ja. Er hat dich also – trotz des großen Andrangs heute – schon erreicht. Ich hoffe, er hat dich erfreut."

LARA: „Ja, schon."

KURT: „Das klingt nicht sonderlich begeistert. Ja, vielleicht hätte ich meinen ganzen Mut zusammennehmen und dir den Blumengruß persönlich überbringen sollen. Aber irgendwie war ich dann doch zu feig, nachdem du mich in der Früh unbeirrbar mit Chef tituliert hast."

LARA: „Da ging es aber auch um etwas Geschäftliches! Nun geht es um etwas Privates, nämlich um ein herzliches Danke für den Kaktus und die Karte, an der mich nur das einsame und nüchterne Initial K irritiert."

KURT: „Warum? Was hätte ich denn sonst schreiben sollen? Im Sinne des von dir gewünschten rein geschäftlichen Umgangs Klug – oder doch Kurt? Also schrieb ich K und überließ es deiner Interpretation. Oder hätte ich K&K schreiben sollen? Wir leben nicht mehr in der Monarchie, und das Autohaus Klug&Klug wird es vielleicht bald nur mehr in der Form ‚Autohaus Klug' geben. Meine Frau Valentia hat sich ja von mir getrennt und will auch geschäftlich getrennte Wege gehen."

LARA: „Ich weiß. Genau deswegen bin ich dir, Kurt, vielleicht manchmal im Gespräch so unnahbar erschienen. Schließlich wollte ich nicht für Valentia als Alibi für ihre Trennung herhalten. Und schon gar nicht wollte ich bei dir die falsche Hoffnung wecken, dass du für deine von Valentia angeschlagene Seele Trost in meinem Schoß finden kannst, sowohl übertragen wie auch wörtlich. Dabei bist du wirklich nicht nur ein guter Chef, sondern auch ein sehr attraktiver Mann und netter Kerl."

KURT: „Oh, jetzt bin ich aber baff, Lara. Du solltest öfter krank sein – dann bist du ein klein bisschen weniger abweisend."

LARA: „… und wehrloser als sonst. Immerhin liege ich von Fieber geschwächt im Bett."

KURT: „… und brauchst daher sicherlich Hilfe. Egal was du jetzt sagst, ich komme dich nun besuchen."

LARA: „… und willst dich wirklich an mir anstecken, lieber Kurt?"

KURT: „An dir anstecken ist jedenfalls etwas, was schon lange meine Phantasie beschäftigt. Aber das hängt doch wohl davon ab, wie nahe du mich an dich heranlässt. "

LARA: „So nahe, wie du willst, lieber Kurt. Aber du weißt. Anstecken kann Folgen haben, an denen man unter Umständen sehr lange laboriert, weil sie sich nicht mehr rückgängig machen lassen."

KURT: „Ist mir egal. Ich will kommen."

LARA: „War das zweideutig gemeint, lieber Kurt?"

KURT: „Ich glaube, ich habe mich eindeutig zweideutig ausgedrückt, was das Anstecken und Kommen betrifft."

[Beide legen auf. Lara sitzt einige Zeit nachdenklich im Bett, wiegt den Kopf, dann macht sie impulsiv mit beiden Armen eine hilflose, sich in das Schicksal ergebende Bewegung, steigt aus dem Bett und beginnt im Nachthemd lautlos zu tanzen, dann zuerst die Melodie des kleinen grünen Kaktus zu summen, dann – mit Musikbegleitung – zu singen:]

LARA:

Oh Kater Kurt, so komme,
verliebe dich in mich,
sonst nehm ich meinen Kaktus und ich stich, stich, stich, stich,
stich.
Jetzt bin ich ohne Skrupel.
Jetzt hab ich keine Scheu,
der Valentin macht meine Liebe neu, neu, neu, neu, neu.
Ich turtle und ich necke,
jetzt bin ich nicht mehr treu,
ich werd, Kurt, deine Katze ohne Reu, Reu, Reu, Reu, Reu.

Ich will ihn nicht mehr haben,
den Egon meine ich,
mit meinem Egon hat es ab jetzt sich, sich, sich, sich, sich.

[Es klingelt an der Tür. Lara hört das aber mit ihrer lauten Singerei und Tanzerei nicht.]

Der Egon soll sich schämen,
der Egon soll sich grämen,
der Egon soll es sich zu Herzen nehmen.
Komm Kurt, ich lass mich zähmen,
komm Kurt, ich lass mich nehmen,
komm Kurt, ich lass mich gern von dir verwöhnen.
Vergessen wir Benehmen,
lass Lieb mit Lust verbrämen.
Solang bis Engels-Chöre wir vernehmen.

Szene 15

[Es klingelt wieder an der Tür, diesmal dringender und lang. Lara hält inne in ihrem Singen und Tanzen.]

LARA: „Mir war, als hätte es geklingelt."

[Lara bleibt lauschend und abwartend stehen. Als es nochmals läutet, sagt sie.]

LARA: „Das wird Kurt sein. Er meinte es also wirklich ernst damit, hierherzukommen."

[Lara sieht an sich hinunter, streicht das Nachthemd glatt und zieht den Morgenmantel an, kämmt sie mit den Fingern durch ihre Haare und sucht ersichtlich nach irgendetwas im Raum.]

LARA: „Wo habe ich nur meinen Taschenspiegel hingelegt? Egal, das kann man heute auch anders erledigen."

[Sie nimmt das Handy und schießt ein Selfie, das sie schließlich zufrieden betrachtet.]

LARA: „Ja, ganz passabel."

[Als es wieder läutet, ruft sie laut]

LARA: „Ja, ich habe dich gehört, Kurt. Ich komm ja schon."

[Dann geht sie in den rechten dunklen Bühnenteil. Man hört eine Tür aufgehen und zunächst eine Unterhaltung im Dunkeln.]

KOMMISSAR: „Guten Tag, gnädige Frau. Sind Sie die Wohnungsinhaberin?"

LARA: „Ja, und wer sind Sie?"

KOMMISSAR: „Oh pardon. Ich vergaß, mich vorzustellen. Ich bin Kommissar bei der hiesigen Polizei. Darf ich eintreten?"

LARA: „Nein. Erst, nachdem Sie mir Ihren Ausweis gezeigt haben."

[Offenbar hat der Kommissar seinen Ausweis gezeigt, denn nach einer kurzen Pause hört man die Tür schließen. Die beiden kommen in den hellen linken Bühnenteil.]

LARA: „Danke. Aber bitte verstehen Sie meine Vorsicht. Schließlich kann ich nicht wildfremde Männer zu mir in die Wohnung lassen, mehr noch, diese im Nachthemd empfangen."

KOMMISSAR: „Natürlich, ich verstehe. In Zeiten wie diesen kann man nicht vorsichtig genug sein. Andererseits haben Sie die Tür geöffnet, und es wäre mir ein Leichtes gewesen, die Tür ganz aufzudrücken und auch ohne Ihre Erlaubnis einzutreten."

LARA: „Sie haben recht. Das war sehr unvorsichtig."

KOMMISSAR: „Vielleicht auch nicht. Denn Ihrem Rufen nach haben Sie ja jemanden erwartet, den Sie offenbar kennen und vertrauen. Oder?"

LARA: „Ja.“

KOMMISSAR: „Darf ich annehmen, dass Kurt Ihr Mann ist?“

[Lara erbleicht und antwortet erst nach einer längeren Pause.]

LARA: „Nein.“

KOMMISSAR: „Ihre Nachbarin sagte mir aber, dass Sie verheiratet wären.“

LARA: „Ja. Bin ich.“

KOMMISSAR: „Das heißt, dass Sie einen Mann namens Kurt erwarteten, der nicht Ihr Gemahl ist?“

[Lara nickt kleinlaut]

KOMMISSAR: „Und trotzdem empfangen Sie diesen Mann im Nachthemd – Sie, als verheiratete Frau?“

LARA: „Das wollte ich eigentlich nicht.“

KOMMISSAR: „Was heißt eigentlich? Sie taten es ganz offensichtlich mit Absicht. Denn Ihr Rufen zur Tür beweist, dass Sie diesen Besuch erwarteten, und zwar jetzt – wenn auch vielleicht nicht auf die Minute genau?“

LARA: „Nein, so war es nicht. Ich bin im Nachthemd, weil ich krank bin und eigentlich im Bett liegen sollte.“

KOMMISSAR: „Interessant. Sie sind krank und erwarten dennoch Besuch von einem mehr oder weniger fremden Mann namens Kurt?“

LARA: „So lassen Sie es sich doch erklären. Der Mann namens Kurt ist mein Chef und außerdem verheiratet.“

KOMMISSAR: „Interessant. Aber doch ungewöhnlich, dass der Arbeitgeber seine kranke Angestellte zu Hause besucht. Meinen Sie nicht auch?“

[Lara sinkt in sich zusammen und sagt nichts. Nach einer Weile setzt der Kommissar fort:]

KOMMISSAR: „Interessant ist zudem, dass der Besuch offenbar zu einer Zeit passiert, wo der Herr Gemahl nicht zu Hause ist. Darf ich fragen, wo er ist? Vielleicht auf Auslandsreise?"

LARA: „Nein. Er ist in der Stadt. Ich habe ihn nur mit einem Auftrag weggeschickt."

KOMMISSAR: „Interessant. Sie haben ihn also weggeschickt, was natürlich eine gewisse Zeit in Anspruch nimmt. Exakt in dieser Zeit erwarten Sie den Besuch eines Mannes mit dem Namen Kurt, der Ihr Chef ist, und das in Nachthemd. Ist Ihnen klar, welchen Verdacht dies in mir und anderen wecken kann?"

[Lara sinkt noch mehr zusammen, setzt sich aufs Bett und schüttelt irgendwie verzweifelt ihren Kopf. Schließlich richtet sie sich kämpferisch auf,]

LARA: „Ich habe dieser Schlange schon immer misstraut. Aber dass sie solche Lügengeschichten über mich in Umlauf bringt, hätte ich ihr nicht zugetraut."

KOMMISSAR: „Interessant. Von welcher Schlange sprechen Sie?"

LARA: „Na, von meiner Nachbarin. Sie haben doch selber gesagt, dass Sie mit ihr gesprochen haben und daher wissen, dass ich verheiratet bin."

KOMMISSAR: „Interessant. Sie meinen also, dass Ihre Nachbarin Sie verpetzt hat, diese Ihnen eine Affäre mit Ihrem Chef unterstellt?"

LARA: „Ja, das meine ich."

KOMMISSAR: „Interessant. Und – hat sie damit recht?"

LARA: „Nein. Der heutige Besuch wäre der erste gewesen und ist als Krankenbesuch zu verstehen."

KOMMISSAR: „Interessant – und zudem nicht völlig unplausibel. Der Besuch hier in Ihrer Wohnung und Ihre etwas spärliche Bekleidung wäre damit bloß Ihrer Bettlägrigkeit geschuldet. Meinten Sie das so?"

LARA: „Ja, genau so. Was mir aber nicht eingehen will, ist, wie meine Nachbarin zu ihrer Vermutung, ja Unterstellung gekommen ist, dass ich etwas mit meinem Chef habe. Noch mehr, warum sie mich bei der Polizei anzeigt."

KOMMISSAR: „Interessant, was Sie von Ihrer Nachbarin denken. Aber Gnädigste, das hat sie ja gar nicht gemacht. Wenn die Polizei überall einschreiten müsste, wo sich Pärchen erlaubt oder unerlaubt zu Schäferstündchen treffen, bräuchten wir dreimal so viel Personal und hätten dennoch keine Zeit für die wirklichen Kriminalfälle."

LARA: „Aber – was wollen Sie dann hier?"

KOMMISSAR: „Interessant, dass Sie das fragen. Richtig ist, dass uns die Nachbarin angerufen hat. Aber nicht Ihretwegen, sondern wegen eines Vorfalls im Stiegenhaus vor knapp einer Stunde direkt vor Ihrer Eingangstüre. Ich habe bei Ihnen geläutet, um Sie zu fragen, ob auch Sie etwas gehört oder sogar gesehen haben."

[Lara sichtlich erleichtert]

LARA: „Ich war für Sie also nicht als Beschuldigte, sondern als Zeugin interessant?"

KOMMISSAR: „Interessant? Ja – zunächst wenigstes. Denn da waren Sie nur jemand, der unmittelbar neben dem Tatort wohnt. Jetzt, wo ich weiß, dass Sie einen Mann erwarteten, nachdem ich also weiß, dass die in den Vorfall involvierten Personen durchaus auch mit Ihnen persönlich zu tun haben könnten, sind Sie mehr als nur Zeugin. Jetzt sind Sie auch als in die Sache involvierte Person interessant, ja als Verdächtige."

[Lara äfft den Kommissar nach.]

LARA: „Interessant, dass ich für Sie als Zeugin und nun sogar als Verdächtige interessant bin. Vielleicht bin ich auch als Frau interessant?"

[Dabei öffnet die vom Publikum abgewandte Lara demonstrativ ihren Morgenmantel zum Kommissar hin, der sich einen kurzen Blick nicht verkneifen kann, bevor er sich demonstrativ abwendet.]

KOMMISSAR: „Lassen Sie das! Im Dienst darf das für mich nicht interessant sein."

LARA: „Interessant, dass Sie Frauen nur außerhalb der Dienstzeit interessant finden dürfen. Aber ich will Sie ja nicht verführen, sondern nur endlich wissen, was im Stiegenhaus so interessant war, dass meine Nachbarin die Polizei rief."

KOMMISSAR: „Darf ich Ihre Frage dahingehend deuten, dass Sie von dem Vorfall nichts mitbekommen haben oder das wenigstens behaupten?"

LARA: „Ja, das dürfen Sie. Ich habe weder etwas gehört noch etwas gesehen von einem Vorfall, von dem ich nicht weiß, was dieser eigentlich war."

KOMMISSAR: „Ihre Nachbarin wurde Zeugin einer tätlichen Auseinandersetzung zweier Personen, von denen mindestens eine ein Mann war. Am Ende lag nämlich ein Mann regungslos am Boden, wie Ihre Nachbarin durch das Guckloch sehen konnte."

LARA: „Und warum ist sie nicht eingeschritten?"

KOMMISSAR: „Interessant, dass Sie das fragen. Sie, die durchaus Angst hat, dass fremde Menschen in die Wohnung kommen könnten. Hätten Sie nicht Kurt erwartet, so hätten Sie wohl nicht die Tür vertrauensvoll geöffnet. Stimmt's?"

LARA: „Ja."

KOMMISSAR: „Ihre Nachbarin hat aus eben dieser Angst ihre Wohnungstür nicht geöffnet und lieber bei uns im Kommissariat angerufen."

LARA: „Und wo sind die Streithähne nun? Als ich die Tür öffnete, lag jedenfalls kein Mann mehr dort am Boden."

KOMMISSAR: „Ja, das ist ein interessantes Detail. Interessant ist aber auch, warum gerade vor Ihrer Tür dieser Kampf stattfand. Haben Sie eine Idee dazu?"

[Lara denkt sichtlich mit wiegendem Kopf nach.]

LARA: „Zunächst möchte ich feststellen, dass wir und die Nachbarin in diesem Stockwerk die einzigen Mieter sind. Vor meiner Tür kann also genauso gut bedeuten, vor der Tür der Nachbarin. Oder?"

KOMMISSAR: „Richtig."

LARA: „Daher müsste die Nachbarin mit der gleichen Berechtigung wie ich nicht nur als Zeugin interessant sein, sondern auch als Verdächtige."

KOMMISSAR: „Interessant. Sie meinen also, die Nachbarin könnte ebenso gut die beiden Personen gekannt haben, die vor ihrer beiden Türen kämpften?"

LARA: „Natürlich."

KOMMISSAR: „Gut, nehmen wir an, dass Ihre Nachbarin die Personen kannte, oder besser: zumindest eine davon. Hätte diese dann nicht so wie Sie die Tür geöffnet und wäre eingeschritten, um den Streit zu schlichten oder für oder gegen die eine ihr bekannte Person Partei zu ergreifen?"

LARA: „Möglich. Hat sie aber offenbar nicht."

KOMMISSAR: „So hat sie jedenfalls ausgesagt. Und ehrlich gesagt, verstehe ich sehr gut, dass sie aus Angst nicht die Tür öffnete und sich entschied, kompetente Hilfe, also uns, die Polizei, zu rufen."

LARA: „Die Angst verstehe ich durchaus auch. Aber daraus kann man nicht schließen, dass sie die Personen nicht kannte. Sie wollte halt nur nicht selbst als zarte, körperlich schwache Frau in die Tätlichkeit hineingezogen werden."

KOMMISSAR: „Da können Sie recht haben. Dem werde ich auch nachgehen, sobald ich weiß, wer vor ihrer Tür kämpfte. Und da ich nun schon bei Ihnen bin, beginne ich die diesbezüglichen Nachforschungen eben gleich hier. Denn dass Sie einen Mann namens Kurt hier erwarteten, das steht fest. Daher könnte dieser durchaus in den Kampf verwickelt gewesen sein. Geben Sie mir recht?"

[Lara wirkt gleichermaßen überrascht, nachdenklich und betroffen.]

LARA: „Muss ich wohl."

KOMMISSAR: „Könnte es nicht so sein, dass Ihr Mann – wie heißt er übrigens?"

LARA: „Egon."

KOMMISSAR: „Also, dass Egon Kurt unmittelbar vor der Eingangstür zu seiner Wohnung vorfindet und daraus einen falschen Schluss zieht und rot sieht?"

LARA: „Was meinen Sie mit falschem Schluss?"

KOMMISSAR: „Soll ich sagen: den richtigen Schluss? Dass er, den Sie vorher nach Ihrer eigenen Aussage weggeschickt haben, bei seiner vielleicht zu frühen Heimkehr erkennen muss, dass Kurt Sie inzwischen besuchen will oder sogar schon besucht hat?"

LARA: „Das ist doch absurd."

KOMMISSAR: „Wenn Sie wüssten, wie absurd manches abläuft, mit dem wir von der Polizei zu tun haben, würden Sie nicht so reden. Halten wir uns also an Fakten. Daher meine Frage: Woher wussten Sie, dass Kurt kommen würde?"

LARA: „Von einem Telefonat."

KOMMISSAR: „Hat er Sie oder haben Sie ihn angerufen?"

LARA: „Ich ihn."

KOMMISSAR: „Interessant. Bevor oder nachdem Sie Ihren Mann Egon weggeschickt hatten?"

LARA: „Danach."

KOMMISSAR: „Interessant. Und in diesem Telefonat wurde vereinbart, dass Ihr Chef Kurt Sie ohne Verzug besuchen würde?"

[Lara sinkt wieder etwas in sich zusammen.]

LARA: „Ja."

[Der Kommissar geht zum Sessel, wo das alte Telefon und das Handy liegen und sieht beide nachdenklich an.]

KOMMISSAR: „Mit welchem Apparat haben Sie telefoniert?"

LARA: „Mit dem Handy."

KOMMISSAR: „Sehr gut. Dann können Sie mir, ohne dass ich das wie beim analogen Telefon erst mühsam über das Wählamt recherchieren müsste, ja gleich zeigen, wann und wie lange Sie Kurt angerufen haben. Wären Sie so freundlich, mir Einblick in die Liste Ihrer heutigen Telefonate zu gewähren?"

LARA: „Muss ich wohl, oder?"

KOMMISSAR: „Ja. Denn sonst würde ich das Handy als Beweisstück einbehalten."

LARA: „Das habe ich mir gedacht. Aber egal. Das Handy wird meine Aussage bestätigen. Bitte, hier, nehmen Sie."

[Sie reicht dem Kommissar das Handy, der ein wenig darauf herumdrückt.]

KOMMISSAR: „Interessant. Ja, Sie haben tatsächlich vor etwa einer Viertelstunde eine Nummer angerufen, die unter dem Namen Kurt fix eingespeichert ist."

LARA: „Ist das nicht selbstverständlich, dass man die Nummer seines Dienstgebers fix eingespeichert hat?"

KOMMISSAR: „Doch. Im Gegenteil: Es wäre verdächtig, wenn Sie eine häufig benützte Nummer nicht eingespeichert hätten, diese also für Außenstehende sozusagen verschleiern."

LARA: „Eben. Ich habe nichts zu verschleiern und zu verbergen."

KOMMISSAR: „Interessant ist dann jedoch, warum bei Ihnen als Handybesitzerin hier ein uraltes analoges Telefon steht? Vielleicht deswegen, weil man als Außenstehender nicht nachvollziehen kann, wer wann mit wem telefoniert hat. Wollten Sie vielleicht einen weiteren Anruf verschleiern und geheimhalten? Daher nun meine Frage: Haben Sie heute damit telefoniert?"

LARA: „Ja. Einmal."

KOMMISSAR: „Wann?"

LARA: „Gleich in der Früh."

KOMMISSAR. „Interessant. Mit wem?"

LARA: „Mit meinem Chef. Ich habe mich krankgemeldet."

KOMMISSAR: „Interessant. Nicht, dass Sie sich krankgemeldet haben, sondern dass Sie das mit dem alten Apparat taten statt mit Ihrem Handy. Warum taten Sie das?"

[Lara genervt und gereizt]

LARA: „Weil wieder einmal das Handy nicht ging. Offenbar war kein Saft mehr drin."

KOMMISSAR: „Das kenne ich. Ja, aber da braucht man doch nur das Handy anzustecken. Dort neben dem Sessel sehe ich sogar eine Mehrfachsteckdose samt Ladekabel. Und schon kann man wieder telefonieren."

LARA: „Nicht, wenn die Batterie tief-entladen ist. Dann braucht es einige Zeit, bis sich das Handy wieder einschalten lässt. Das wollte ich nicht abwarten."

KOMMISSAR: „Verstehe. Ja, so könnte es gewesen sein. Das erklärt aber nicht, warum Sie dann Ihren Chef mit dem inzwischen wieder aufgeladenen Handy nochmals angerufen haben. Oder wollten Sie sich für morgen wieder gesund melden?"

LARA: „Nein. Sie sehen doch, dass ich krank bin. Würde ich sonst hier im Nachthemd herumlaufen?"

KOMMISSAR: „Nun, das kann durchaus andere Gründe haben. Mit dem kurzen Öffnen Ihres Morgenmantels vorhin haben Sie mir mehr als deutlich demonstriert, dass man in dieser Kleidung viel leichter einem Mann seine weiblichen Reize offenbaren kann."

LARA: „Sie haben das vorhin völlig missverstanden!"

KOMMISSAR: „Wirklich? Ich werde Ihnen sagen, wie alles abgelaufen sein könnte, ohne schon jetzt behaupten zu wollen, dass es so war. Sie haben sich in der Früh krankgemeldet, nachdem Ihr Mann Egon das Haus zur Arbeit verlassen hatte. Damit er das später nicht spitzkriegen kann, haben Sie das alte Telefon verwendet. Ihr Chef, Kurt, wusste nun, dass er sich für ein Schäferstündchen mit Ihnen hier in Ihrer Wohnung Zeit nehmen könne, ja solle. Als Dienstgeber, der über seine Zeit wohl sehr flexibel verfügen kann, also kein großes Problem, eher schon, eine Ausrede gegenüber seiner Ehefrau zu erfinden. Den genauen Zeitpunkt wollten Sie daher noch vereinbaren. Als Kurt sich aber nicht und nicht meldete, haben Sie ihn schließlich angerufen und gesagt, dass Sie Egon eben weggeschickt hätten und er gleich kommen solle, falls er Lust habe. Dieser kam daraufhin hierher und traf auf Egon, der früher als erwartet heimgekommen war. So kamen sich die beiden Männer hier vor der Tür in die Haare. Na, was sagen Sie zu dieser Geschichte?"

[Lara saß verdattert da und antwortete erst nach einer Weile]

LARA: „Was soll ich sagen. Eine Geschichte, die eher nach einem gut erfundenen Märchen klingt als nach einem auf Fakten beruhenden polizeilichen Bericht. Denn diese Geschichte hat viele Mängel."

KOMMISSAR: „Interessant. Und die wären?"

LARA: „Erstens. Sie schätzen mich völlig falsch ein. Ich bin keine sexbesessene Frau, ja sogar eher eine an Sex desinteressierte. Sonst hätte ich wohl keinen solchen Fummel von Nachthemd an, sondern ein ganz kesses, durchsichtiges, aufreizendes. Oder?"

KOMMISSAR: „Bei Zweiterem stimme ich Ihnen zu, obgleich vielleicht Ihr Mann Reizwäsche nicht liebt und es auffällig wäre, wenn Sie sich mit so etwas bekleiden, oder besser: Ihre Reize mehr hervorheben denn verbergen. Beim ersten Argument kann ich Ihnen nicht folgen."

LARA: „Warum. Was wissen Sie denn über mich und mein Sexleben? Nichts!"

KOMMISSAR: „Ein wenig doch. Als Polizist bin ich darauf geschult, sehr aufmerksam zuzuhören und hinzuschauen. So fiel mir schon beim Hereinkommen auf, dass Sie ein Buch mit dem Titel ‚(Pf)Affenliebe‘ von einem gewissen R.v.M. auf Ihrem improvisierten Nachtkästchen liegen haben. Dass es dort liegt, lässt vermuten, dass Sie darin lesen."

LARA: „Das heißt es nicht!"

KOMMISSAR: „Doch. Oder haben Sie vielleicht das Lesezeichen, das knapp vor dem Ende des Buches herauslugt, dort nur aus Jux und Tollerei hineingesteckt?"

LARA: „Ja, zugegeben. Ich habe darin ein wenig geschmökert. Und weil Krimis mir meist zu spannend sind, lese ich gerne zuerst den Schluss. Daher steckt das Lesezeichen nahe dem Ende."

KOMMISSAR: „Darf ich einen genaueren Blick auf das Buch werfen?"

LARA: „Bitte."

[Der Kommissar ergreift das Buch, liest die Rückseite und Teile des Vorwortes.]

KOMMISSAR: „Interessant, was Sie da lesen. Mein Eindruck ist der, dass Sie sich immer mehr in Widersprüche verstricken, liebe Frau."

LARA: „Warum?"

KOMMISSAR: „Sehen Sie: Hier am Umschlag steht, dass es sich um einen Erotik-Krimi handelt und von Personen gemieden werden sollte, die Erotik und Sex nicht mögen. Nun sagten Sie eben als Begründung, warum Sie Krimis von hinten zu lesen beginnen, dass Sie Krimis meist als zu spannend empfinden. Daher lesen Sie ein Buch wie dieses offenbar nicht deswegen, weil Sie hauptsächlich an spannenden Kriminalgeschichten interessiert sind, sondern wohl hauptsächlich an Sexgeschichten. Immerhin verspricht der Titel ‚(Pf)Affenliebe' – wie auch im Vorwort schwarz auf weiß angekündigt – die literarische Behandlung verbotener Liebe. Und die Anonymisierung des Autors lässt vermuten, dass es dabei durchaus deftig zur Sache geht. Darf ich nachschauen, was Sie beim Lesezeichen gerade lasen oder lesen wollten, um zu sehen, ob ich mit meiner Vermutung völlig daneben liege?"

LARA: „Kann ich das verhindern?"

KOMMISSAR: „Kaum, da ich ja das Buch schon in Händen halte. Gut, ich lese einen Absatz vor:

Heinz trank es in einem Zug aus. „So, also, liebste Agnes, jetzt zeig deinem Heinzi, was du kannst!", lallte Heinz und ergriff Agnes rechte Hand, um sie daran in das Schlafzimmer zum Bett zu ziehen. Es half nichts. Es musste sein. Agnes fasste mit ihrer linken Hand die bereits zu einem guten Drittel leere Slibowitzflasche, um sich nötigenfalls auch gegen den Ekel bis zur Bewusstlosigkeit zu betrinken.

Sagten Sie nicht vor knapp einer Minute, dass Sie Krimis als zu spannend finden und an Sex eher desinteressiert wären. Warum lesen Sie dann so ein Buch? Liebe Frau, Ihre Aussagen und Ihr Tun passen einfach nicht zusammen. Aber vielleicht meinten Sie mit Ihrem Desinteresse an Sex nur den mit Ihrem Mann Egon. Solche Abstumpfungsprozesse sollen ja in den nach außen hin besten Ehen vorkommen. Ihr Dementi eines grundsätzlichen Interesses an Sex erregt, nein verstärkt sogar noch meinen Verdacht, dass Sie sich mit Kurt hier zu einem Schäferstündchen treffen wollten. Die Lektüre des Buches ‚(Pf)Affenliebe‘, wo es laut Vorwort um außerehelichen, verbotenen Sex geht, hat Ihnen offenbar Appetit auf einen solchen gemacht. Deswegen haben Sie sich heute krankgemeldet, ohne wirklich krank zu sein. Jedenfalls machen Sie auf mich nicht den Eindruck einer wirklich kranken Person."

LARA: „Ich bin aber krank. Warten Sie ...“

[Lara kramt in der Tasche des Morgenmantels und holt das Fieberthermometer heraus, steckt es aber nach einem kurzen Blick darauf wieder weg.]

LARA: „Schade, ich habe es offenbar nach dem Messen wieder heruntergeschüttelt. Taugt als Beweismittel also leider nicht. Aber sehen Sie das Häferl unter dem Sessel. Da habe ich mir nach dem Fiebermessen – ich hatte 38,4 °C – eine Tasse Tee gemacht und ein Aspirin genommen. Das hat mein Fieber gesenkt, sodass ich Ihnen nun als gesund erscheine, obgleich ich es nicht bin."

KOMMISSAR: „Da die Tasse nun wohl leer ist, lässt sich auch diese Ihre Aussage nicht verifizieren. Allerdings haben Sie mit Ihrem Hinweis auf das Häferl meinen Blick auf einen Kaktus und zwei zerknüllte Papiere dort gelenkt. Darf ich mir diese ansehen?"

LARA: „Bitte. Aber stechen Sie sich nicht! Und wenn Sie nun darüber hinaus auch noch meine restliche Wohnung durchwühlen wollen, dann will ich einen Hausdurchsuchungsbefehl sehen."

[Der Kommissar holt zunächst die beiden zusammengeknüllten Papiere und entfaltet beide langsam zu ihrer beachtlichen Größe.]

KOMMISSAR: „Interessant. Einpackpapier der Blumenhandlung Orchidee. Liege ich mit meiner Annahme richtig, dass Ihnen der Kaktus heute zum Valentinstag geliefert wurde?"

LARA: „Sie liegen richtig."

KOMMISSAR: „Was mir dabei unklar ist, warum Sie zwei Papiere hier liegen haben. Für so einen kleinen Kaktus hätte doch wohl auch ein einziger Bogen Papier gereicht, selbst wenn man sich vor dessen Stichen schützen wollte. Sind Sie anderer Meinung?"

LARA: „Bin ich nicht. Sie haben recht. Der Kaktus wurde heute geliefert und war auch nur in einen Bogen Packpapier eingewickelt."

KOMMISSAR: „Dann bleibt die Frage, woher der zweite Bogen stammt. Ich sehe hier keine weitere Pflanze stehen, die damit eingewickelt war. Oder steht eine weitere Pflanze anderswo hier in der Wohnung?"

LARA: „Nein – obwohl ein zweiter Kaktus geliefert wurde."

KOMMISSAR: „Und was ist mit dem passiert?"

LARA: „Ich habe ihn retourniert."

KOMMISSAR: „Interessant. Es gibt also offenbar zwei Männer, die Ihnen einen Blumengruß zum Valentinstag schickten. Einer könnte Ihr Mann gewesen sein. Aber wer war dann der zweite?"

LARA: „Das weiß ich selber nicht. Nur bei einem war eine Grußkarte angehängt, die mit K unterschrieben war."

KOMMISSAR: „Und wer verbirgt sich hinter der Signatur K?"

LARA: „Das war mir eben auch unklar. Könnten natürlich auch Sie sein. K für Kommissar."

KOMMISSAR: „Bitte lassen Sie den Unfug."

LARA: „Na schön. Mein erster Gedanke war, dass es mein Chef Kurt Klug war, der mir zum Valentinstag einen Blumengruß schickte. Krankheitsbedingt konnte er ihn mir ja heute nicht persönlich am Arbeitsplatz übergeben. Deswegen habe ich ihn dann angerufen, um nachzufragen und mich allenfalls zu bedanken."

KOMMISSAR: „Interessant. Und was geschah mit dem Kaktus ohne Begleitschreiben?"

LARA: „Ich sagte es Ihnen ja schon. Da er nicht von meinem Mann Egon stammte, wie er mir zerknirscht eingestand, wollte ich ihn nicht behalten und beauftragte Egon, ihn wieder zur Blumenhandlung zurückzubringen. Das war der Grund, verehrter Herr Kommissar, warum ich Egon wegschickte, nicht, um eine sturmfreie Bude zu haben."

KOMMISSAR: „Interessant. Ja, so könnte es gewesen sein – wäre da nicht noch eine Kleinigkeit, die das Bild stört."

LARA: „Und die wäre?"

KOMMISSAR: „Als ich vorhin Ihre Anrufe am Handy checkte, fiel mir auf, dass es noch einen Anruf gab, den Sie sehr wohl in der Früh tätigten, obgleich Sie gerade angaben, dass das Handy nicht funktionierte. Zudem ist diese Nummer nicht in Ihrem Kontaktregister gespeichert. Können Sie mir sagen, mit wem Sie mit dem angeblich nicht funktionierenden Handy telefonierten?"

[Lara erbleichte und überlegte sichtlich, wie Sie sich aus dieser Schlinge befreien könnte.]

LARA: „Das ist einfach erklärt. Ich rief die Blumenhandlung an, weil ich wissen wollte, wer mir den Kaktus geschickt hatte. Zu diesem Zeitpunkt, ungefähr 15 Minuten nach meinem Anruf bei meinem Chef zwecks Krankmeldung, war das Handy wieder so weit geladen, dass ich es verwenden konnte."

KOMMISSAR: „Interessant. Und wie lautete die Auskunft?"

LARA: „Ich erhielt keine. Die neue EU-Datenschutzgrundverordnung verbietet es, dass ich Auskunft erhalte, wer mir etwas schickte."

KOMMISSAR: „Ja, so kann es gewesen sein. Hatten Sie gar keinen Verdacht, wer der Absender hätte sein können?"

LARA: „Na ja, in erster Linie dachte ich an meinen Mann, in zweiter Linie an meinen Chef."

KOMMISSAR: „Interessant. Sie waren offenbar sehr neugierig, weil Sie gleich die Blumenhandlung anriefen. Aber nicht neugierig genug, Ihren Mann oder Ihren Chef anzurufen. Nicht sehr plausibel!"

LARA: „Warum? Nachdem mir Egon sagte, dass der Kaktus nicht von ihm stammt, habe ich doch meinen Chef angerufen."

KOMMISSAR: „Das war aber erst rund zwei Stunden nach dem Anruf in der Blumenhandlung. Nicht sehr plausibel!"

LARA: „Sie sind wirklich ein genauer Beobachter und scharfer Denker, Herr Kommissar. Es besteht tatsächlich Erklärungsbedarf. Dennoch entging sogar Ihnen etwas auf meinem Handy."

KOMMISSAR: „Wirklich?"

LARA: „Ja, eine SMS, die mir mit unterdrückter Nummer zugespielt wurde, liefert die Erklärung."

KOMMISSAR: „Interessant. Eine anonyme SMS!"

LARA: „Diese SMS enthielt einen Link auf einen kurzen Film in irgendeiner Cloud. In diesem Film sieht man, dass mein Mann mitnichten den zweiten Kaktus in die Blumenhandlung zurücktrug, sondern ihn einer Frau als Valentinstagsgeschenk brachte, die sich dann auch gleich am Küchentisch dafür sexuell dankbar zeigte."

KOMMISSAR: „Darf ich mir das anschauen?"

LARA: „Nein, das ist privat. Ohne richterliche Anordnung zeige ich Ihnen das nicht. Ihren Voyeurismus müssen Sie anderswo befriedigen."

KOMMISSAR: „Wie Sie meinen. Aber unterstehen Sie sich, diese SMS zu löschen! Sie ist möglicherweise Beweismittel."

LARA: „Versprochen. Ich hoffe, dass Sie nun verstehen, dass ich in dieser Situation voll Verzweiflung und Trauer seelischen Beistand brauchte. Daher habe ich meinen Chef – übrigens ein wirklich netter, verständnisvoller Mann – angerufen. Und dieser bot sich an, herzukommen und mich zu trösten. Ist das verwerflich oder sogar schon Ehebruch, Herr Kommissar?"

KOMMISSAR: „Nein. Aber es steht mir auch gar nicht zu, hier darüber moralisch zu urteilen. Für mich stellt sich die Frage, was hier vor Ihrer Tür passierte und wo der am Boden liegende Mann hingekommen ist. Es kann ja nicht ausgeschlossen werden, dass dieser im Zuge des Raufhandels getötet wurde. Totschlag, ja sogar Mord sind daher nicht auszuschließen."

LARA: „Das verstehe ich. Aber ich verstehe nicht, warum auch ich zu den Verdächtigen gehöre."

KOMMISSAR: „Interessant. Sie verstehen das nicht? Sie gehören noch mehr dazu als zu Anfang meiner Recherchen."

LARA: „Das müssen Sie mir erklären."

KOMMISSAR: „Gerne. Zunächst halten wir fest, was die Nachbarin aussagte. Zwei Personen, eine davon ein Mann, der am Ende des Raufhandels wie tot am Boden lag. "

LARA: „Wollen Sie damit sagen, dass die zweite Person auch eine Frau hätte sein können?"

KOMMISSAR: „Ja, das wäre möglich. Es wäre sogar möglich, dass Sie das waren. Die drei wichtigsten Fragen zu einem Kriminalfall muss man nämlich mit Ja beantworten."

LARA: „Interessant. Und die wären?"

KOMMISSAR: „Sie waren zur Tatzeit am Tatort und hatten ein Motiv."

LARA: „Ja, die ersten beiden Fakten treffen zu, aber welches Motiv hätte ich gehabt?"

KOMMISSAR: „Zum Beispiel Rache an Ihrem untreuen Ehemann – so der wie tot am Boden liegende Mann Ihr Gemahl Egon war. Das wissen wir aber nicht – noch nicht. "

LARA: „Dann sollten wir es herausfinden. Darf ich versuchen meinen Mann anzurufen?"

KOMMISSAR: „Bitte, tun Sie das."

[Lara wählt, aber bekommt keine Verbindung. Es ist nur laut das Freizeichen zu hören.]

LARA: „Ich bekomme keine Verbindung. Er hebt nicht ab, hat aber auch nicht abgeschaltet."

KOMMISSAR: „Schade. Was gegen Ihre Täterschaft spricht, ist Ihre körperliche Statur. Ich kann mir schwer vorstellen, wie Sie Ihren wohl wesentlich stärkeren Mann in einem bloßen Raufhandel hätten töten können – außer es war ein Unfall. Blutspuren konnte ich am Gang jedenfalls keine erkennen. Noch weniger kann ich mir vorstellen, wie Sie dann den toten Ehemann hätten wegschaffen können, und vor allem, wohin. Mangels Lift hätten Sie ihn nur hier in die Wohnung schleifen und verstecken können. Aber Schleifspuren sind mir auch keine aufgefallen."

LARA: „Dann tun Sie sich bitte keinen Zwang an. Sie haben angesichts der Sachlage nunmehr meine Erlaubnis, die Wohnung auch ohne Durchsuchungsbefehl auf eine versteckte Leiche hin zu untersuchen."

KOMMISSAR: „Oh, danke. Ja, das mache ich gerne. Schließlich kommt es auch Ihnen zu Gute, wenn ich keine finden sollte."

[Der Kommissar verschwindet für kurze Zeit im dunklen Teil der Bühne und kommt dann wieder in den hellen linken Teil zurück.]

LARA: „Und – haben Sie die Leiche gefunden? Haben Sie mich nun von der Liste der Verdächtigen gestrichen?"

KOMMISSAR: „Nicht so schnell, Gnädigste. Nein, Leiche habe ich keine gefunden. Aber auch nein, dass ich Sie nun von meiner Liste gestrichen habe."

LARA: „Sie geben offenbar nicht auf, selbst die abstrusesten Theorien zu entwickeln. Allein aufgrund einer einzigen Zeugenaussage über einen Raufhandel – von dem ich übrigens weder etwas hörte, geschweige etwas sah, weil ich schlief – wird schon über die Täterschaft eines Tötungsdeliktes spekuliert, obgleich Sie weder Kampfspuren noch eine Leiche noch eine Tatwaffe gefunden haben."

KOMMISSAR: „Das sagt noch gar nichts. Anders als Sie habe ich schon viel abstrusere Theorien für noch viel außergewöhnlichere Fälle entwickeln müssen – und war meist auf der richtigen Spur!"

LARA: „Interessant. Welche weitere Spur verfolgen Sie diesmal?"

KOMMISSAR: „Die, die ich schon einmal andeutete: Dass Egon und Kurt hier im Stiegenhaus aufeinandertrafen und in

Streit gerieten. In der Hitze des Gefechtes konnte dann durchaus einer der Männer kurz oder auch länger oder sogar für immer zu Boden gegangen sein. Vielleicht ist der eine danach in der Angst, ein Tötungsdelikt begangen zu haben, geflüchtet und hat nicht mehr gesehen, wie sich der Kontrahent wieder aufrappelte und schließlich auch den Tatort verließ. Dann leben noch beide und ich kann den Akt abschließen."

LARA: „Eine gute Idee."

KOMMISSAR: „Aber falls es sich nicht so zugetragen hat, falls etwa Egon von Kurt getötet wurde, hätten Sie und er gemeinsam die Leiche durchaus die Stiegen hinuntertragen und irgendwo entsorgen können. Sie beide hätten sich dann wohl gegenseitig ein Alibi gegeben."

LARA: „Eines haben Sie wirklich, Herr Kommissar: eine blühende Phantasie."

KOMMISSAR: „Darf ich das als Kompliment oder muss ich es als Kritik verstehen?"

LARA: „Ganz wie Sie wollen – vielleicht als beides!"

KOMMISSAR: „Damit Sie sehen, dass ich durchaus eins und eins zusammenzählen kann: Die umgekehrte Möglichkeit, dass Kurt beim Streit zu Tode kam und Sie gemeinsam mit Egon dann Kurts Leiche weggeschafft haben, die habe ich bereits ausgeschlossen. Nach dem, was Egon Ihnen gerade antat, werden Sie wohl kaum seine Komplizin gewesen sein."

LARA: „Wie schön. Aber dass Egon Kurt alleine gemeuchelt und weggeschafft hat, haben Sie wohl nicht ausgeschlossen. Oder?"

KOMMISSAR: „Wäre Egon körperlich dazu in der Lage? Welche Statur hat er, welchen Beruf?"

LARA: „Er ist Handwerker und – wohl auch deswegen – sehr kräftig. Aber dennoch traue ich ihm keine solche Tat zu. Warum auch? Er hat kein Motiv. Entgegen Ihren unterschwelligen Andeutungen hatte und habe ich kein Verhältnis mit Kurt, ja war heute Morgen noch mit diesem per SIE. Dass Egon vielleicht Kurt vor meiner Tür antrifft, ist ja wohl noch kein Motiv, ihn zu töten. Oder?"

KOMMISSAR: „Unter vernünftigen Menschen wohl nicht. Aber leider habe ich schon erleben müssen, dass Menschen aus viel nichtigeren Gründen von bislang vernünftigen Menschen umgebracht wurden."

[Es läutet.]

LARA: „Darf ich aufmachen gehen?"

KOMMISSAR: „Bitte."

[Lara verschwindet im dunklen rechten Teil der Bühne. Man hört eine Tür aufgehen und einen Überraschungsruf von Lara:]

LARA: „Gott sei Dank, Kurt, du lebst! Bitte komm herein."

KURT: „Warum sollte ich nicht leben? Und wer ist dieser Herr?"

KOMMISSAR: „Darf ich mich selbst vorstellen? Ich bin Kommissar der hiesigen Polizei und wurde zu einem Vorfall gerufen, der sich hier abgespielt haben soll."

KURT: „Darf ich Nähers erfahren?"

KOMMISSAR: „Nein. Aus ermittlungstaktischen Gründen kann ich Ihnen keine näheren Auskünfte geben. Was ich tun kann und werde, Sie von meiner Liste der möglichen Opfer zu streichen. Sie haben offensichtlich in letzter Zeit keinen Faust-Kampf bestritten und sind ersichtlich auch nicht tot."

KURT: „Allerhand, wie schnell und treffend die Polizei feststellen kann, dass ich nicht tot bin. Welche weiteren möglichen Toten haben Sie sonst noch im Auge, Herr Inspektor?"

KOMMISSAR: „Kommissar, wenn ich bitten darf, nicht Inspektor. Als mögliches Opfer kommt etwa der Gatte dieser Dame infrage."

KURT: „Warum der?"

KOMMISSAR: „Aufgrund des Tatortes hier vor der Eingangstür ist es naheliegend, dass es sich um eine Person handeln könnte, die hier im Haus, genauer hier am Gang in einer der beiden Wohnungen wohnt. Da die Nachbarin allein lebt und bester Gesundheit ist, in dieser Wohnung Frau Lara, die ersichtlich zwar nicht bester Gesundheit, aber doch am Leben ist, bleibt ihr Mann Egon im Fokus der Ermittlungen, zumal er am Handy nicht erreichbar ist."

KURT: „Da kann ich vielleicht weiterhelfen. Egon hat mich nämlich vor etwa einer halben Stunde besucht. Als du anriefst, liebe Lara, habe ich versucht ihn schnellstmöglich loszuwerden. Dennoch habe ich mich bei meinem angekündigten Krankenbesuch leider ein wenig verspätet. Ich habe dir, liebe Lara, daher als Entschädigung ein wenig Schokolade und eine Packung Neocitran mitgebracht. Beides hilft dir hoffentlich, dass du bald wieder auf den Beinen bist. Du weißt, wie sehr ich dich gerade jetzt brauche, wo mich meine Frau verlassen hat."

LARA: „Danke, mein lieber Kurt."

KOMMISSAR: „Darf ich das freundliche, fast intime Geplänkel und Anbaggern unterbrechen? Ja? Danke! Ihrer Rede entnehme ich zweierlei. Erstens, dass Sie von ihrer Frau verlassen wurden und daher jeden Grund haben, sich an Ihre tüchtige, unersetzliche und zudem noch selbst in diesem unmodernen Nachthemd sehr hübsche Mitarbeiterin heranzumachen. Da diese aber verheiratet und somit als Nachfolgerin Ihrer Gattin nicht am Markt ist, hätten Sie ein Motiv, Frau Lara – wie soll ich sagen – für den Markt frei zu kriegen."

KURT: „Entnehme ich Ihren Worten, dass Sie mir unterstellen, Egon aus dem Weg räumen zu wollen oder das schon getan zu haben?"

KOMMISSAR: „So habe ich es nicht formuliert – noch nicht. Aber jedenfalls hätten Sie ein sehr naheliegendes und attraktives Motiv dafür. Von der Liste der möglichen Opfer konnte ich Sie streichen, von der Liste der möglichen Täter kann ich es nicht."

KURT: „Absurd. Hinsichtlich Egon kann ich Sie, Herr Kommissar, obwohl ich mich wiederhole, nochmals beruhigen. Er kam vor etwa einer halben Stunde ziemlich aufgelöst und abgekämpft in mein Büro. Tote schauen anders aus."

KOMMISSAR: „Interessant. Und was wollte er von Ihnen?"

KURT: „Er wollte mir berichten."

KOMMISSAR: „Interessant. Warum Ihnen?"

KURT: „Wenn Sie mich aussprechen ließen, statt mich dauernd zu unterbrechen, wüssten Sie schon mehr. Also: Egon kam zu mir, um mir mitzuteilen, dass er gerade Streit mit Karl hatte. Den Grund nannte er nicht. Er sagte nur, dass er gerade von einer Besorgung nach Hause kam, als Karl mit seinem alten Auto in Begleitung meiner Noch-Gattin Valentia vorfuhr. Als ich Egon sagte, dass ich davon wüsste, dass es sich dabei um eine Ankaufsprobefahrt handelte, zu der ich Valentia erst mühsam überreden musste, brach Egon in lautes Gelächter aus."

KOMMISSAR: „Interessant. In seiner Situation noch lachen zu können, ist schon ein starkes Stück."

KURT: „Ich bat Sie, Herr Inspektor, mich nicht zu unterbrechen,"

KOMMISSAR: „Kommissar, wenn ich bitten darf, nicht Inspektor."

KURT: „Entschuldigung, Herr Kommissar. Also, wo war ich gerade stehengeblieben? Ah ja. Egon lachte lauthals und prustete, dass die Vorfahrt vor dem Haus eher der Ankunft eines Paares nach den Flitterwochen glich als nach einer Probefahrt und er mir das mitteilen wollte. Ich, Herr Kommissar, war weniger überrascht, als Egon erwartet hatte. Ich wusste seit langem, dass mich meine Frau betrügt, und seit kurzem, dass sie mich verlassen will. Nur wusste ich nicht, welcher Mann dahintersteckt."

KOMMISSAR: „Interessant. Da der Besuch bei Ihnen nach dem angeblichen Raufhandel hier im Haus passierte, können wir auch Egon von der Liste der potenziellen Toten streichen. Außer, Herr Klug, Sie haben ihn nach dem Gespräch beseitigt."

LARA: „Bitte, Herr Kommissar. Sehen Sie nicht, dass Sie sich immer tiefer in absurde Theorien verrennen. Der alte Witz, dass man in einer Ehe öfter an Mord als an Scheidung denkt, ist eben nur ein Witz. Wenn mich Kurt haben will, braucht er Egon nicht umzubringen, sondern nur mich zu bitten, die Scheidung einzureichen. Grund genug hätte ich inzwischen dazu."

[Lara sieht dabei Kurt mit fast inständig bittendem Blick lieb an.]

KURT: „Es bleibt wohl nur eine Möglichkeit, zu beweisen, dass Egon lebt. Bitte, Lara, versuche ihn anzurufen. Er sagte zwar, dass er noch einen Auftrag zu erledigen hätte – aber vielleicht meldet er sich dennoch."

[Lara tat wie geheißen. Tatsächlich hört man, dass jemand abhebt – aber es folgt kein Hallo. Kurt deutet daraufhin dem Kommissar, indem er mehrfach auf seine Ohren und dann auf das Handy zeigt. Nach kurzem Warten spricht Lara.]

LARA: „Schön, dass du jetzt abgehoben hast, auch wenn du offenbar zu feig bist, hallo zu sagen oder mich nach meinem vergeblichen Anruf vor wenigen Minuten zurückzurufen. Egal. Wir haben heute wohl noch einiges sehr Wichtiges miteinander zu besprechen. Aber ich will das nicht jetzt am Telefon tun. Also komm gefälligst schleunigst nach Hause."

[Lara legt auf, ohne eine Antwort abzuwarten.]

KURT: „Nun, zufrieden, Herr Kommissar?"

KOMMISSAR: „Fast. – Auch wenn ich ihn nicht sprechen hörte, so lebt Ihr Mann Egon offenbar. Von der Liste der potenziellen Mordopfer können wir ihn offenbar streichen. Auf dieser Liste steht jetzt, sofern es sich nicht überhaupt um einen wildfremden Mann handelt, nur mehr der Herr Karl."

LARA: „Schon wieder ein fiktiver Toter. Bitte, Herr Kommissar! Sie handeln schon zwanghaft."

KOMMISSAR: „Bitte keine Beleidigungen. Ich versuche nur, meine Pflicht als Beamter gewissenhaft zu erfüllen. Und hier gibt es jede neue Möglichkeit zu bedenken: Denn, Herr Klug, gemäß Ihrer Aussage waren Egon und Karl gemeinsam vor – oder sogar in – diesem Haus. Es wäre also möglich, dass die beiden Männer hier am Gang in den zur Anzeige gelangten Raufhandel verstrickt waren. Von den drei wichtigen Parametern Tatort, Tatzeit und Motiv sind die ersten beiden also erfüllt. Nur beim Motiv tappe ich im Dunkeln. Welchen Grund hätte Egon, Karl anzugreifen oder sogar zu töten? Dass Ihre Frau Valentia mit Karl ein Verhältnis hat, kann Egon doch egal sein."

LARA: „Stimmt. Der Grund könnte ein anderer sein. Er liegt in dem Film, den ich Ihnen nicht zeigen wollte. Aber bevor Sie sich weiter der Idee hingeben, dass Karl gemeuchelt wurde, sollten wir uns vielleicht auch hier des Telefons bedienen. Bitte, Kurt, ruf an. Du hast seine Nummer sicher eingespeichert."

[Kurt nimmt sein Handy und ruft Karl an. Dieser hebt auch gleich ab. Kurt schaltet auf Raumton.]

KARL: „Hallo Kurt. Rufst du mich wegen der heutigen Ankaufsprobefahrt an? Ja? Valentia findet meinen Wagen ganz toll und sagte mir den Ankauf zu. Sie meinte, dass die ausgehandelten 50 000 € für meinen schon fast als ‚Oldtimer' zu bezeichnenden Wagen für die Firma Klug ein wahrer ‚Schnäpchenpreis' wäre. Ich hoffe, der Preis findet auch Deine Zustimmung."

KURT: „Buh, das ist wirklich ein Schnäppchenpreis. Aber nicht für die Firma Klug, sondern für Dich. Aber was soll ich machen. Valentia ist nach wie vor berechtigt, Verträge wie diesen abzuschließen. Aber deswegen rufe ich nicht an. Vielmehr wollte ich hören, wie es Dir geht. Egon war nämlich bei mir und sagte, dass ihr Streit hattet."

KARL: „Hat er Dir das gesagt? Ich dachte nicht, dass er den Grund des Streites an die große Glocke hängen würde. Noch mehr, als ich ihm hoch und heilig versprechen musste, dass ich gegenüber Lara meinen Mund halten würde. Was ich bisher auch tat. Das hättest Du, Kurt, wohl auch getan, hätte Dich Egon zu Boden gestoßen und bedroht."

KURT: „Bitte wähle Deine Worte und Deine Aussage mit Bedacht. Hier neben mir steht ein Kommissar, der wegen eures Raufhandels ermittelt. Ich habe auf Raumton geschaltet, damit er alles mithören kann."

KOMMISSAR: „Wunderbar diese Möglichkeit des Raumtons. Darf ich mich daher hier gleich in das Telefonat einklinken und einige Fragen an Sie stellen?"

[Er nimmt Kurt das Handy aus der Hand.]

KARL: „Wie könnte ich Ihre Bitte abschlagen. Wahrscheinlich laden Sie mich sonst vor."

KOMMISSAR: „Interessant, wie Sie die Sache so schnell und richtig beurteilen. Darf ich festhalten, dass Sie nicht ermordet wurden."

KARL: „Ja, für einen Toten fühle ich mich ganz gut. Nur mein Allerwertester fühlt sich vom Sturz auf den Fliesenboden wie tot an."

KOMMISSAR: „Kamen Sie von selbst oder durch Fremdeinwirkung zu Sturz?"

KARL: „Na ja. Ich hatte mit Egon am Gang vor seiner Wohnung eine verbale Auseinandersetzung – ohne große Handgreiflichkeiten. Der nicht unerhebliche Luftdruck seiner Worte haben mich dann wohl zu Boden geworfen."

KOMMISSAR: „Wollen Sie mich auf den Arm nehmen. Unziemliches Verhalten gegen Amtspersonen ist strafbar!"

KARL: „Schön, dann sage ich eben, dass ich vor dem körperlich viel stärkeren Egon Angst hatte, mich bei der ersten zarten Berührung fallen ließ und tot stellte, worauf dieser floh. Danach stand auch ich auf und verschwand von hier. Sind Sie mit dieser Erklärung nun zufriedener?"

KOMMISSAR: „Das passt jedenfalls besser zu der Anzeige, der ich gerade nachgehe. Aufgrund Ihrer Aussage werde ich den Fall nun wohl schließen können, ja müssen, weil kein strafbarer Tatbestand vorliegt."

KARL: „Wirklich? Wer sagt ihnen, dass ich nicht doch tot bin? Vielleicht ist es mein Mörder, mit dem Sie gerade telefonieren? Schließlich haben Sie nur das auf mich zugelassene Handy angerufen, sehen aber nicht, mit wem Sie wirklich telefonieren. Also bitte. Herr Kommissar, etwas mehr Sorgfalt bei der Recherche. Wir bei den Versicherungen – als Versicherungsvertreter weiß ich, wovon ich rede – gehen hier sehr viel genauer vor. Wir verlangen penibel von jedem Toten, dass er sich bei uns schriftlich als tot meldet – unter Angabe der Umstände seines Todes und unter Vorlage aller Dokumente und der ausgefüllten Antrags-Formulare für seine Ansprüche, etwa sein Begräbnis. So ein Lapsus, dass sich ein Lebender als Toter oder ein Toter als Lebender ausgeben kann, würde uns nie unterlaufen."

[Der Kommissar bekommt einen roten Kopf und setzt mehrmals zu einer ärgerlichen Replik an, schweigt aber schließlich betreten, weil er beim vermeintliche Telefonat von Lara mit Egon noch weniger die Authentizität nachgeprüft hatte.]

KOMMISSAR: „Ich will Ihre letzte Aussage nicht auf die Goldwaage legen und als Beleidigung einer Amtsperson werten. Sie selbst sagten, dass Sie zu Boden stürzten. Das hatte offenbar Folgen, wie etwa die gerade erlebte Verwirrtheit und Aggressivität. – Unklar ist mir nur, wie es überhaupt zu dem Zusammentreffen hier vor der Wohnung kam."

KARL: „Egon hat mich angerufen und um eine Aussprache gebeten."

KOMMISSAR: „Weswegen?"

KARL: „Der Grund ist banal und privater Natur. Ich sollte ihm etwas versprechen. Für Sie müsste es wohl reichen, dass Egon und ich den Raufhandel hatten, aber beide leben und keiner von uns Anzeige erstattet hat. Damit ist die Sache wohl geklärt und Sie können den Fall – wiederum erfolgreich: Gratuliere! – abschließen."

KOMMISSAR: „Sie haben recht. Der Fall wurde von mir gelöst und wird geschlossen."

[Der Kommissar gibt Kurt das Handy zurück und verabschiedet sich mit einem knappen Kopfnicken.]

KOMMISSAR: „Ich wünsche allseits noch einen schönen und vor allem friedlichen Tag. Wie mir mein kurzer Blick hinter die Kulissen zeigte, besteht hier noch genügend Potenzial für weitere – nicht nur verbale – Auseinandersetzungen. Ich hoffe inbrünstig, dass ich nicht nochmals hier erscheinen muss, um dann wirklich Tote vorzufinden."

LARA: „Ja, hoffen Sie das. Denn wie Sie richtig bemerkten, gibt es inzwischen genügend Grund für mehrfachen Mord und Totschlag."

Szene 16 – Epilog

[Die Akteure treten nacheinander vor dem Vorhang oder der dunklen Bühne auf, anfangs die Satyrmaske vor ihr Gesicht haltend, um diese dann an den nächsten Akteur weiterzugeben ohne die Bühne (Schlussapplaus) zu verlassen. Valentia beginnt:]

„Sie wollen sicher wissen,
wie es nun weitergeht,
– der Kurt wird mich vermissen,
der Karl – ja der steht
auf mich und wird beflissen
tun, dass es mir gut geht.
Ist er auch oben schmächtig,
unten ist er, glaubt mir,
ganz ungewöhnlich prächtig
und mächtig wie ein Stier.

Da ist mir gar nicht bange,
dass er nicht funktioniert,
er hat Kraft für so lange,
bis alles drin vibriert.
Ich nämlich bin recht heftig
bin voll von Leidenschaft,
ich mag es ziemlich deftig,
drum wünscht dem Karl Kraft.
Und sollte er erlahmen,
es gibt ja nicht nur ihn,
wir gut gebauten Damen,
legen uns gern flach hin.
Der arme Egon muss ab nun,
mit Betty sich begnügen.
Die Lara, die kann ab nun tun,
mit Kurt, ohne zu lügen,
was dieser ja sehr lange schon
mit ihr zu tun gedachte.
Dass solcher Art in mir Argwohn
mit voller Kraft erwachte,
mir zeigte mit zunehmend Frust
welch Feuer sie entfachte,
in meines Ehemannes Brust –
der mich darob auslachte.
Hab ich mich auch oft sexbesessen
an Ehemänner rangemacht,
kann ich es Lara nicht vergessen
wie sie meinen hat angelacht.
Darum, ich gebe es ja zu,
hab ich den Kaktus ihr geschickt.
Und Lara, diese dumme Kuh,
hat sich im Ränke-Netz verstrickt.
Dass Egon dann sich noch dazu

bei Sex mit Betty filmen lässt,
war nicht im Plan, doch gab im Nu
der Lara schließlich noch den Rest.
Jedoch, anders als ihr Gemahl,
war Lara unwissend, wie süß,
dass ICH zur Hebung ihrer Qual
durch Karl den Film schicken ließ.
Der Egon dann, um zu vermeiden,
dass Lara diesen Film auch sieht,
Karl bedroht, sollt' er ihn zeigen,
war klar bei dem, was ihm da blüht.
Der Karl, schmächtig wie er war,
dem ersten Stoß nicht widersteht.
Der Egon flieht, wird sich gewahr,
dass seine Ehe flötengeht.
Dabei war es doch sonnenklar
dass ICH den Streit hab arrangiert,
dass das Schlamassel ICH gebar,
haben sie alle nicht kapiert.
Wenn Sie nun glauben, ich bereute
nein, keineswegs, das tat ich nicht,
vielmehr ich mich ganz riesig freute
auf Laras dümmliches Gesicht."

[Kurt kommt und setzt fort:]

„Und was lernt man aus der Geschicht?
Mit Liebestrieben spielt man nicht.
Das wusste schon der Wolfgang Goethe,
als er beschrieb der Menschen Nöte:
  ,Ein guter Mensch in seinem dunklen Drange
  ist sich des rechten Weges wohl bewusst.'
  Der gute Mensch weiß aber auch schon lange
  der rechte Weg ist vielfach öd und ohne Lust.

Wobei, zwei Zeilen im Zitat
sind hier ergänzt, Herr Geheimrat,
vom Autor, der hier mal probiert,
wie man frech Goethe imitiert.
Denn mit Bezug auf Goethes Kunst
erwirbt man rasch der Kritik Gunst.
Doch, nicht die Wortkunst ist hier wichtig,
zuoft ist all die Wortflut nichtig,
die faktenfrei ohne Kritik
quillt aus dem Mund der Politik,
der Medien und der Religionen,
die uns mit Regeln nicht verschonen!
Soll sich das Leben für dich lohnen,
denk selber, was ist falsch, was richtig,
was belanglos ist oder wichtig!
Willst du als Hund oder als Katze
mal Pfötchen geben, mal per Tatze
austeilen, um nach lautem Knurren
doch wieder liebevoll zu schnurren?
Ich jedenfalls, als der Herr Kurt,
hab meiner Frau zuviel gemurrt
und Lara zuviel zugeschnurrt.
Denk selber nach, wofür wir leben,
denk nach, wonach wir letztlich streben,
nur im Geschäft erfolgreich sein,
war nicht genug für mich, oh nein."

[Egon kommt – oder bei Doppelrolle legt Kurt Sakko, Brille und
Perücke ab und wird zu Egon]

„Viel Geld ist schön, viel Wissen gut,
doch wisse, auch der Doktorhut,
ist oft nicht mehr als Prahlerei,
mit Wissen, das schlicht einerlei.

Nicht was man weiß, nein, was man kann,
darauf kommt es dann letztlich an
mehr noch, was man auch wirklich tut,
sei es nun schlecht, sei es nun gut.
Doch wer hat schon das Recht zu richten,
wer darf bestimmen unsere Pflichten,
wer stempelt uns mir bloßen Regeln,
zu braven Engeln, rohen Flegeln?
Denn oft wir es gar nicht bemerkten,
wenn wir an einem Ziele werkten,
war es nun schlecht – war es nun gut?
Die Wahrheit ist nicht absolut!
Der rechte Weg ist ein sehr harter,
der gleich daneben oft aparter,
schlüpfrig sind oftmals die Gedanken,
die meist sich um das Gleiche ranken.
Doch körperlicher Hochgenuss
bringt neben Lust oft auch Verdruss.
Wir Menschen tun zwar sehr moralisch
in Wahrheit sind fast alle narrisch
nach Gruppensex, Vielweiberei,
nach Raufen, Saufen, Völlerei,
nach vielen tollen Schmeichelworten,
nach Schnaps und Wein in allen Sorten,
nach tollen Autos, weiten Reisen,
nach Drogen und nach feinsten Speisen,
nach exotischen Gaumenfreuden,
– selbst um den Preis so mancher Leiden
des Körpers und wohl auch am Geist.
Ich war stets hemmungslos und dreist
im Streben nach – ich leb, ich bin!
In Egon steckt ja Ego drin."

[Lara kommt dazu und setzt fort.]

„Das Leben ist ein Ringelspiel,
es spielt mit unserem Gefühl,
die Partner wechseln immerfort:
erst liebst du da, dann liebst du dort.
Am Ende kommt es nicht drauf an,
wer ist die Frau, wer ist der Mann.
Unschwer sich immer jemand findet,
der sich derweil mit dir verbindet.
Die Karten werden neu gemischt,
die letzte Träne weggewischt,
dem Nächsten wird Treue geschworen,
das nächste Kind wird dir geboren,
das Leben ganz von vorn beginnt,
bis wieder einmal jemand spinnt.“

[Betty kommt, oder Lara wandelt sich zu Betty]

„Und das, es sei nun mal gesagt,
ist, was uns Menschen ewig plagt.
Egal ob Lasttier oder Reiter
irgendwie geht es doch stets weiter.
Wir Menschen werden nicht gescheiter,
drum nimm das Leben möglichst heiter!
Es kommt doch, ohne jede Frag,
bald wieder ein Valentins-Tag.
Obgleich, das sei hier auch gesagt,
nicht jeder Valentin sehr mag,
denn anders als die Lutheraner
und somit auch die Anglikaner,
seit dem Konzil vor 60 Jahren
die Pfaffen sich ganz streng verwahren

ihn als Heiligen anzublicken
– so jedenfalls die Katholiken."

[Karl kommt dazu und setzt fort:]

„Doch hab ich keine große Bange
die Wirtschaft hält uns bei der Stange.
Denn Umsatz ist heut Religion,
für Sparsamkeit gibt es nur Hohn.
Doch anders als in öden Messen,
wo wir andächtig selbstvergessen
um Gnade, Heil, Erlösung beten,
geht es dabei nur um Moneten.
Mit denen kann man alles kaufen,
bringt selbst die Liebe rasch zum Laufen
in Häusern, die man ganz galant
deshalb Laufhäuser hat benannt.
Erwarte dir jedoch nicht viel
von so gekauftem Liebesspiel.
Die Partner kommen, Partner gehen,
weil sie sich nicht wirklich verstehen!
So wie für ihn gilt auch für sie,
es ist nur die Biochemie:
sei es im Hirn, sei's unterm Nabel
dort liegen sie, die Sündenbabel,
die ganz und gar kribbelig machen,
Begierden in uns drin entfachen,
Vulkane, die nach Ausbruch drängen
entgegen allen Moral-Zwängen.
Wir werfen uns an fremde Brüste
zu stillen unsere Gelüste,
hormongesteuert statt vernünftig,
im Tierreich nennen wir es brünftig."

[Kommissar kommt dazu und setzt fort]

„Was also ist die wahre Liebe?
Befriedigung unserer Triebe
mit Assistenz fremder Personen
bloß zu dem Zweck, Gene zu klonen?
Wär es nicht mehr, so wären wir
kaum besser als so ein Satyr.
Doch nein, wir Menschen haben ganz verschämt
den Sextrieb kulturell verbrämt.
Behaupten, dass sich Seelen finden,
um sich aufs Engste zu verbinden.
Wo Körper sind, das kann man fühlen
doch Seelen hat, wo wir auch wühlen
bisher kein Sterblicher entdeckt.
Sind sie vielleicht sehr gut versteckt
von jemandem, den wir Gott nennen,
weil wir von ihm rein gar nichts kennen?
Ist er nur eine Traumfigur,
die allerorts in der Natur
als Wesen sich manifestiert
und Ewigkeiten existiert?
Dass wir grad am Valentinstag
landen bei einer solchen Frag,
ist schon bemerkenswert und zeigt,
wir Menschen sind zu mehr bereit,
zu mehr, als nur zu purer Lust,
die zu oft endet nur in Frust.
Wir Menschen streben immer höher,
und kommen wirklich immer näher
die letzte Wahrheit zu ergründen –
sei's, um die Welt neu zu erfinden,

zu fragen, wo alles begann,
zu fragen, wer all das ersann.
Ich bin, ich sage es lapidar,
als pflichtbewusster Kommissar
bemüht die Wahrheit zu ergründen –
doch ohne Chance, sie hier zu finden.
Kurzum: Auf all die großen Fragen
kann ICH euch keine Antwort sagen."

[Die andern vier ergänzen:]

„Uns allen hier geht's ebenso!"

[alle zusammen]

„Drum reicht es uns, drum sind wir froh,
wenn ihr nun hier am Spiele-Schluss
sagt, es war nett, ja, war Genuss
und Anregung, mal nachzudenken,
was wir zu Valentin uns schenken.
Bedenket bitte noch zum Schluss,
ein Valentinstag-Blumengruß
kann wirken wie ein Judaskuss
und Anlass sein für viel Verdruss.
Sag ihr, sag ihm, dass ich dich mag,
das reicht schon am Valentinstag.
Mit diesem unser'm letzten Reim,
seid uns gegrüßt und kehrt gut heim."

Werke des Autors (im Eigenverlag)

Neben Fach- und Lehrbüchern schrieb der Autor bisher die nachfolgenden belletristische Werke. ALLE Werke sind beim Autor unter seinem Pseudonym R.v.M. direkt beziehbar, EINIGE Nachdrucke, Neuauflagen und Sammelbände (N) unter seinem bürgerlichen Namen Robert Müller via Internetbuchhandel beim Verlag tredition, bei amazon und im Buchhandel. Näheres (Leseproben, Informationen zum Autor und zu Neuerungen, Bestellablauf und Versandkosten) finden Sie auf der Homepage

www.buecher-rvm.at

Oder kontaktieren Sie den Autor direkt per E-Mail via

buecher.r.v.m@gmail.com

Genre Social-Fiction- und #MeToo-Romane: (Softcover-TB 12x19, Klebebindung, s/w, Prosa, wegen teils erotischer Inhalte erst ab 16 J.)

Der Proklamator Band 1 (2017, 200 S.), 9,90 €

Der Proklamator Band 2 (2017, 230 S.), 9,90 €

Der Proklamator Band 3 (2017, 198 S.), 9,90 €

Der Proklamator – Eine Trilogie (2023, N 2024, 648 S.), 19,99 €

Die Empfängnisdame (2018, N 2024, 200 S.), 9,90 €

Der Belästiger (2018, N 2024, 202 S.), 11,00 €

(Pf)Affenliebe (2018, N 2024, 204 S.), 11,00 €

Shivas (Ab)Wege (2019, N 2024, 218 S.), 11,00 €

Der Raub der Schla(u)Wienerinnen, (2019, N 2024, 208 S.), 11,00 €

Der Taugenichtssassa, (2020, N 2024, 208 S.), 12,00 €

Theaterstücke und Anthologien: (Softcover-TB DIN A5, Klebebindung, s/w, sucht Aufführungswillige)

(M)EIN VALENTINSTAG (2019, N 2024, 92 S.), 10,00 €

SVETLANA und der PROFESSOR – oder – AUCH ALTE MÄNNER SIND BEGEHRENSWERT (2022, N 2024, 80 S.), 9,00 €

IM NAMEN … – Eine Anthologie von Gedichten (2023, 112 S.), 11,00 €

Werke für Kinder und Jugendliche:

Reihe „OPI ERZÄHLT MIR", (Hardcover DIN A4, fadengeheftet, färbig, gereimt, ab 4 J.), N 2024 als Sammelband

Band 1: „EIN EINHORN – Wie aus einem Pferd ein Einhorn wurde", (2021, 28 S.), 14,99 €

Band 2: „DER HASENTROTZ – Eine Oster(hasen)-Geschichte", (2021, 28 S.), 14,99 €

Band 3: „DREIHORN UND DIE KUSCHELTIERE – Ein personalisierbares Weihnachtsmärchen", (2021, 28 S.), 14,99 €

Reihe „SCHAU, MAMA!" (Hardcover 17x24, fadengeheftet, färbig, gereimt, ab 5 J.), N 2024 als Sammelband

Band 1: „Schau, Mama, was da kreucht und fleucht! – Im Garten", (2020, 32 S.), 14,99 €

Band 2: „Schau, Mama, was da kreucht und fleucht! – Am Strand", (2021, 32 S.), 14,99 €

Band 3: „Schau, Mama, was da kreucht und fleucht! – Im Meer", (2022, 32 S.), 14,99 €

Reihe „Fabulia" (Softcover-TB 12x19, Klebebindung, s/w, Prosa, ab 12 J.)

Band 1: „Die vermaledeiten Handschuhe", (2019, 204 S.), 12,00 €

Band 2: „Drei Geschichten zur Zeit(enwende)", (2022, 240 S.), 13,00 €

Band 3: „Die Handschuhbande", (2022, 204 S.), 11,99 €

Inhaltsverzeichnis

Zeitfracht Medien GmbH
Ferdinand-Jühlke-Straße 7
99095 Erfurt, Deutschland
produktsicherheit@kolibri360.de